LA MONTRE EN OR
et autres contes

DU MÊME AUTEUR
chez le même éditeur

Dom Casmurro
L'Aliéniste
Esaü et Jacob
Mémoires posthumes de Brás Cubas
Ce que les hommes appellent Amour
(Mémorial de Aires)
Le philosophe ou le chien
(Quincas Borba)

J.-M. MACHADO DE ASSIS

LA MONTRE EN OR
et autres contes

Traduit du portugais (Brésil)
par Maryvonne Lapouge

Préface de Antonio Cândido de Melo e Souza

SUITES
Éditions Métailié
5, rue de Savoie, 75006 Paris
1998

Publié avec le concours du
Ministério da Cultura do Brasil

ISBN 2-86424-265-6
ISSN 1281-5667

Une montre en or apparaît sur une table de nuit ; les bras d'une femme troublent un adolescent ; une cartomancienne révèle un avenir radieux ; un miroir ne reflète plus un jeune homme et permet la naissance d'une nouvelle théorie sur l'âme humaine ; une jeune femme sage se donne à un passant ; un compositeur est saisi par la polka ; une dame refuse obstinément de vieillir ; un jeune homme écoute une dame, un soir de Noël, et ne comprend plus rien...

Avec son ironie inimitable, Machado de Assis met en scène d'habiles récits dans lesquels le comportement humain est finement décrit, et les mystères du cœur et ses éternels ressorts, amour, jalousie, obsessions, analysés.

Le style précis et élégant de l'auteur exprime un univers nuancé où la sagesse frôle la folie ou l'absurde.

J.-M. Machado de Assis (1839-1908) est né et mort à Rio, d'un père noir descendant d'esclave et d'une mère portugaise.

Après avoir exercé une multitude de métiers, dont typographe à l'imprimerie nationale, il devient le plus grand auteur brésilien du siècle dernier. En 1897, il crée l'Académie brésilienne des Lettres.

Auteur prolifique, au regard cynique et ironique, il est le maître pour déjouer les apparences des faits et débusquer la folie. La société du Rio fin de siècle apparaît sur fond d'absurde.

Antonio Cândido de Melo e Souza

*Machado de Assis : schéma**

1

Comme notre manière d'être est encore assez romantique, nous avons une tendance quasi irrésistible à supposer aux grands écrivains un lot de souffrances et de drames lourd et évident, tant la vie normale paraît incompatible avec le génie. Dickens égaré par une passion de l'âge mûr, après avoir été humilié dans son enfance par l'emprisonnement de son père ; Dostoïevski presque fusillé, jeté dans sa sordide prison sibérienne, secoué par la maladie nerveuse, jouant à la roulette l'argent du ménage ; Proust enfermé dans sa chambre et dans son remords, étouffé par l'asthme, embourbé dans les passions interdites — telles sont les images qui retiennent notre imagination.

Ainsi les critiques qui ont étudié Machado de Assis n'ont jamais cessé d'inventorier et de souligner les causes éventuelles de tourment social et individuel : la couleur sombre de sa peau, son origine humble, sa carrière difficile, ses humiliations, sa maladie nerveuse.

* Conférence lue dans les Universités de Floride (Gainsville) et Wisconsin (Madison) en 1968, publiée en 1970 dans le recueil *Vários Escritos*, S.P., Livraria Duas Cidades Ed.

Mais en vérité ses souffrances ne paraissent pas avoir dépassé celles de tout le monde, ni sa vie avoir été particulièrement ardue. Quelques hommes représentatifs de notre Empire libéral furent des métis d'origine humble. Ces hommes, à la peau aussi foncée que la sienne et qui ont connu des débuts aussi pauvres, parvinrent à obtenir des titres de noblesse et des portefeuilles ministériels. N'exagérons donc pas le thème du génie opposé à la destinée. Au contraire, il faudrait plutôt signaler la normalité extérieure et la relative facilité de sa vie publique. Typographe, reporter, modeste fonctionnaire, haut fonctionnaire enfin : sa carrière fut paisible. La couleur de sa peau semble n'avoir jamais été motif de mésestime, et n'amena, peut-être, qu'un bref contretemps, rapidement dépassé, quand il se maria avec une dame portugaise. Et sa condition sociale ne l'empêcha jamais d'être, depuis sa jeunesse, l'intime des fils du Conseiller Nabuco*, Sizenando et Joaquim, garçons raffinés et pleins de talent.

Si nous analysons sa carrière intellectuelle, nous constaterons que, très tôt, il fut admiré et reçut des appuis ; et qu'à cinquante ans il était considéré comme le plus grand écrivain du pays, objet d'une révérence et d'une admiration générales qu'aucun autre romancier ou poète brésilien ne connut de son vivant, ni avant ni après lui. Seul Sílvio Romero émit une note discordante, en ne comprenant pas et ne voulant pas comprendre son œuvre, qui échappait à l'orientation schématique et pleinement naturaliste de son esprit. Quand on eut l'idée de fonder l'Academia Brasileira de Letras, Machado de Assis fut choisi en tant que mentor et président, poste qu'il occupa jusqu'à sa mort. C'était déjà, avant la soixantaine, une sorte de patriarche des lettres.

Patriarche (soyons francs) dans le bon et dans le mauvais sens du terme. Très conventionnel, très attaché au formalisme,

* Haut dignitaire du Second Empire brésilien, règne de D. Pedro II (1840-1889).

il était capable, de ce point de vue, d'être aussi ridicule et même aussi mesquin que n'importe quel président d'Académie. Peut-être à cause d'une certaine timidité, il fut dès sa jeunesse enclin à avoir l'esprit de cénacle et, sans négliger d'entretenir de bonnes relations avec le plus grand nombre, il semble qu'il se trouvait mieux dans le cercle fermé des « happy few ». L'Académie apparut, dans la dernière partie de sa vie, comme un de ces groupes fermés où sa personnalité trouvait un appui ; et comme l'admission des nouveaux membres dépendait en grande mesure de son agrément, il agit avec un singulier mélange de conformisme social et de sentiment de clique, en admettant parmi les fondateurs un jeune homme, au talent non encore affirmé, comme Carlos Magalhães de Azeredo, simplement parce que celui-ci lui était dévoué et que lui-même l'estimait — motifs qui l'ont amené à faire admettre, quelques années plus tard, l'encore plus médiocre Mário de Alencar. Cependant, il empêchait l'entrée de certains autres, d'un niveau égal ou supérieur aux précédents, tel Emílio de Meneses, non pour des motifs d'ordre intellectuel mais parce qu'ils ne se comportaient pas selon les normes conventionnelles qu'il respectait dans la vie de société.

Ainsi, il ne semble pas douteux que sa vie, non seulement fut sans aventures, mais encore relativement sereine, bien que marquée par le rare privilège d'être reconnu et glorifié en tant qu'écrivain, avec une tendresse et une déférence qui grandirent jusqu'à faire de lui un symbole de ce que l'on considère comme le sommet de l'intelligence créatrice.

D'autre part, si nous envisageons son œuvre non à l'intérieur du panorama étroit de la littérature brésilienne de son temps, mais plutôt dans le courant général de la littérature des peuples occidentaux, nous verrons la contrepartie ironique et parfois mélancolique de son succès sans faille. Car, écrivain de stature internationale, il resta presque totalement inconnu en dehors du Brésil ; et comme la gloire littéraire dépend beaucoup du rayonnement politique du pays, ce n'est que maintenant qu'il commence à obtenir un succès d'estime aux États-Unis, en Angleterre, dans quelques pays latino-américains. A la gloire nationale presque hypertrophiée, correspondit une décourageante obscurité internationale.

Cette circonstance paraît choquante parce que, dans ses contes et romans, surtout entre 1880 et 1900, nous trouvons, dissimulés par de curieux traits archaïsants, quelques-uns des thèmes qui seront caractéristiques de la fiction du XXe siècle. Le fait que son œuvre rencontre actuellement un certain succès à l'étranger paraît montrer sa capacité de survivre, c'est-à-dire de s'adapter à l'esprit du temps, en signifiant quelque chose pour les générations qui ont lu Proust et Kafka, Faulkner et Camus, Joyce et Borges. Si nous entrons dans le domaine de la conjecture, nous pouvons imaginer ce qui serait arrivé si son œuvre avait été connue hors du Brésil, à un moment où les plus célèbres romanciers, dans l'univers des littératures latines, étaient des hommes comme Anatole France et Paul Bourget, Antonio Fogazzaro et Émile Zola, qui, sauf le dernier, ont irrémédiablement vieilli et ne signifient plus rien pour notre temps.

Parmi les langues d'Occident la nôtre est la moins connue, et si les pays où elle est parlée représentent peu aujourd'hui, en 1900 ils représentaient encore moins sur la scène politique. C'est pour cela que restèrent « marginaux » deux romanciers qui écrivirent dans cette langue, et qui sont les égaux des plus grands qui écrivaient alors : Eça de Queirós, bien adapté à l'esprit du naturalisme ; Machado de Assis, énigmatique, aux deux visages, regardant vers le passé et vers le futur, cachant un monde étrange et original sous la neutralité apparente de ses histoires « que tous pouvaient lire ».

Il est donc clair que l'homme nous intéresse peu, et que l'œuvre nous intéresse beaucoup. Sous le jeune homme gai, et plus tard sous le bourgeois mesuré qui cherchait à s'adapter aux usages extérieurs de la société, qui traversa conventionnellement la vie, en respectant les autres pour en être respecté, travaillait un écrivain puissant et tourmenté, qui recouvrait ses ouvrages d'une fine peau de respect humain et de bonnes manières sous laquelle il pouvait démasquer, examiner, expérimenter, découvrir le monde de l'âme, rire de la société, exposer quelques-unes des composantes les plus étranges de la personnalité. Les surprises les plus démesurées apparaissent au lecteur attentif en raison inverse de sa prose élégante et discrète, de son ton humoristique et en même temps académique. Son actualité vient du charme presque intemporel de son style et de cet univers occulte qui suggère les abîmes prisés par la littérature du XXe siècle. Et à ce sujet il est intéressant de passer en revue les différentes étapes de sa gloire au Brésil, pour juger de ses différents visages et du rythme auquel ils furent découverts.

2

La polyvalence du verbe littéraire est plus visible dans les œuvres des grands écrivains qui sont grandes par leur extrême richesse de signification, permettant à chaque groupe et chaque époque d'y retrouver ses obsessions et ses besoins d'expression. C'est pourquoi les générations successives de lecteurs et de critiques brésiliens ont trouvé des niveaux différents chez Machado de Assis, l'ont apprécié pour des motifs divers et ont vu en lui un grand écrivain pour des qualités parfois contradictoires. Le plus curieux est que toutes ces interprétations sont probablement justes, parce qu'elles ne peuvent pas saisir un aspect sans — au moins — pressentir les autres.

Aussitôt qu'il fut arrivé à la maturité — il avait alors à peu près quarante ans — ce furent peut-être son ironie et son style, conçu comme du « beau langage » qui, les premiers, attirèrent l'attention. L'un dépendait de l'autre, c'est évident, et le mot qui les réunit le mieux pour la critique de l'époque serait peut-être : *finesse*. Ironie *fine*, style *raffiné*, qui évoquent les notions de pointe aiguë et pénétrante, de délicatesse et de force liées. A cela s'associait une idée générale d'urbanité amène, de discrétion et de réserve. Au moment où les naturalistes jetaient au public effrayé la description minutieuse de la vie physiologique, il excellait dans les sous-entendus, les allusions, les euphémismes, en écrivant des contes et des romans qui ne choquaient pas les exigences de la morale familiale. A son sujet, on évoquait Almeida Garrett, qui fut en effet un de ses « maîtres en écriture » — écriture dont le léger relent archaïsant paye un tribut au purisme des peuples colonisés. A la fin de sa vie, les lecteurs soulignaient aussi le pessimisme, le grand désenchantement qui émane de ses histoires. Ce qui ne fait aucun doute, c'est que ces premières générations trouvèrent en lui une « philosophie » assez acide pour donner une impression d'audace, mais exprimée d'une manière élégante et mesurée, qui tranquillisait et faisait de sa lecture une expérience agréable et sans conséquence majeure. On pouvait dire qu'il flattait le public moyen, y compris les critiques, en donnant à tous, pour un prix modique, l'impression qu'ils étaient intelligents. Son goût pour les sentences morales, hérité des Français des siècles classiques et de la lecture de la Bible, l'amenait à composer des formules lapidaires, qui se détachaient du contexte et suivaient leur propre destin, en diffusant une idée quelque peu facile de *sagesse*. Pour l'opinion cultivée ou à demi cultivée du début du siècle, il apparaissait comme une sorte d'Anatole France local, avec la même élégance féline et un esprit moins dissolu. Les anthologies ne manquaient pas de choisir dans son œuvre des choses comme l' « Apologue », ingénieux et au fond banal, sur l'aiguille et le fil, ou l'épisode du muletier dans les *Mémoires posthumes de Brás Cubas*, qui, coupé de l'ensemble, montre, d'une manière profonde en apparence seulement, la force de l'intérêt.

Ce premier Machado de Assis, « philosophant » et puriste, surgit, par exemple, dans deux bonnes études publiées aussitôt après sa mort : la conférence d'Oliveira Lima à la Sorbonne et le petit livre d'Alcides Maya, qui relevait, au-delà de l'ironie de ton voltairien, les composantes plus compliquées de l'*humour* de type anglais. Le livre important d'Alfredo Pujol, publié à la fin de la Grande Guerre, cristallisa la vision conventionnelle de sa vie et la vision « philosophante » de son œuvre, fixant, avec les traits accentués du mythe, la singulière histoire de l'enfant pauvre qui atteignit, en compensation, le pinacle de l'expression littéraire. Peu après, Graça Aranha proposa la théorie ingénieuse d'un mouvement croisé : Nabuco, descendant de l'aristocratie au peuple, et Machado de Assis, montant du peuple à des hauteurs aristocratiques.

Ce n'est que dans la décennie de 1930 qu'apparut un nouveau type d'interprétation, avec la biographie de Lúcia Miguel-Pereira, les analyses d'Augusto Meyer, les habiles filiations biographiques de Mário Matos. C'est l'étape que nous pourrions qualifier de proprement psychologique, quand les critiques cherchaient à établir un courant de compréhension réciproque entre la vie et l'œuvre, en les envisageant selon les disciplines à la mode, surtout la psychanalyse, la somatologie, la neurologie. J'ouvre une parenthèse pour dire que je ne prendrai pas en compte les aspects extrêmes de cette tendance, représentés par les médecins qui se sont emparés, à titre posthume, de Machado de Assis, client sans défense, en multipliant les diagnostics et en cherchant à tirer de son œuvre et du peu d'éléments connus de sa vie, des interprétations dont la valeur scientifique doit être faible. Avant et après, mais surtout en ces années 1930, l'ombre vieillie de Lombroso et de Max Nordau se vêtit de neuf pour planer sur le grand écrivain.

De tout cela il ressort, pour la critique, quelque chose de positif : la notion qu'il fallait lire Machado, non pas avec un regard conventionnel, non pas avec une argutie académique, mais avec le sens du disproportionné, et même de l'anormal, de ce qui, à la lumière d'une psychologie de surface, semble rare en nous, et cependant compose les couches profondes dont naît le comportement de chacun. Augusto Meyer, inspiré par l'œuvre de Dostoïevski et celle de Pirandello, représente sans doute le mieux cette nouvelle manière de lire, qui dépassa la vision humoristique et « philosophante », en montrant que dans l'œuvre de Machado de Assis il y avait beaucoup de « l'homme souterrain » du premier, et de l'être multiple, impalpable du second. Lúcia Miguel-Pereira et lui ont attiré l'attention sur les phénomènes d'ambiguïté qui pullulent dans sa fiction, en obligeant à une lecture plus exigeante, grâce à laquelle la normalité et le sens des convenances ne constituent que le déguisement d'un univers plus compliqué, et parfois trouble. Ce que l'on peut regretter, chez eux et chez Mário Matos, c'est la reversibilité d'interprétation, à laquelle nous avons déjà fait allusion, la préoccupation excessive de chercher, dans la vie de l'auteur, un appui à ce qui apparaît dans l'œuvre ou, vice-versa, d'utiliser l'œuvre pour expliquer sa vie et sa personnalité. Mais il n'est pas douteux que notre vision moderne a commencé de se composer à partir de ces études et de quelques autres, qui généralement précédèrent ou suivirent de peu les commémorations du centenaire de sa naissance, en 1939. Il n'était déjà plus « l'ironiste amène » ni l'élégant ciseleur de sentences de la convention académique ; il était le créateur d'un monde paradoxal, l'expérimentateur, le chroniqueur désolé de l'absurde.

Pendant la décennie de 1940, nous notons un infléchissement vers la philosophie (surtout chrétienne) et la sociologie. La première voulut surtout mettre en évidence chez Machado de Assis, sans impuretés biographiques, ce que l'on pourrait qualifier d'angoisse existentielle. C'est le cas d'un de ses meilleurs critiques, Barreto Filho, dont le livre est une des interprétations les plus achevées que nous possédions de son œuvre. Ces critiques résistaient au psychologisme et au « biographisme », en même temps qu'ils cherchaient un éclairage métaphysique. Astrojildo Pereira, préoccupé par l'aspect social de l'œuvre, ne se situait pas non plus dans une perspective psychologique ou biographique ; son analyse péchait cependant, dans la mesure où il reproduisait à l'inverse les défauts des « biographistes », c'est-à-dire qu'il considérait l'œuvre en cela qu'elle décrivait la société, et la dissolvait donc dans le document éventuel. Mais à cette époque, commençaient déjà les essais interprétatifs moins ambitieux et plus libres, comme celui de Roger Bastide ; celui-ci, contrariant une vieille affirmation selon laquelle Machado n'était pas sensible à la nature de son pays, montra qu'il la percevait au contraire avec pénétration et constance ; mais qu'au lieu de la représenter par les méthodes du descriptivisme romantique, il l'incorporait au filigrane de la narration, comme élément fonctionnel de la composition littéraire. C'était dans le même esprit qu'il avait coutume de dire à ses élèves de l'Université de São Paulo que le « plus brésilien » n'était pas Euclides da Cunha — ornemental, tape-à-l'œil — mais Machado de Assis, qui donnait un caractère d'universalité à son pays par l'exploration, dans notre contexte, des thèmes essentiels.

3

Ce qui, d'abord, attire l'attention du critique dans la fiction de Machado de Assis, c'est son désintérêt pour les modes dominantes, et l'apparent archaïsme de sa technique. Au moment où Flaubert avait systématisé la théorie du « roman qui se raconte », faisant disparaître le narrateur derrière l'objectivité de la narration ; au moment où Zola préconisait l'inventaire massif de la réalité observée dans les moindres détails, il cultiva librement l'elliptique, l'incomplet, le fragmentaire, en intervenant dans la narration par des commérages savoureux, en rappelant au lecteur que, derrière elle, il y avait sa voix conventionnelle de narrateur. C'était une manière de maintenir, dans la seconde moitié du XIXᵉ siècle, le ton capricieux de Sterne, qu'il appréciait, d'effectuer ses sauts temporels et de plaisanter avec le lecteur. C'était aussi un écho du « conte philosophique », à la manière de Voltaire, et c'était surtout sa façon personnelle de laisser les choses en suspens, y compris quand il créait certaines interrogations sans réponse.

Curieusement, cet archaïsme surprend par une soudaine modernité, à la suite des tendances d'avant-garde de notre siècle, qui cherchent à suggérer l'ensemble par le fragment, la structure par l'ellipse, l'émotion par l'ironie et la grandeur par la banalité. Beaucoup de ses contes et quelques-uns de ses romans paraissent ouverts, sans conclusion nécessaire, ou permettent une double lecture, comme cela arrive chez nos contemporains. Et le plus piquant, c'est le style guindé et quelque peu précieux avec lequel il travaille : s'il peut sembler académique, sans doute peut-il être aussi une forme subtile de ruse comme si le narrateur se moquait un peu du lecteur. Style qui maintient une espèce d'impartialité, marque personnelle de Machado, faisant paraître doublement intenses les cas étranges qu'il présente avec une modération détachée. Ce n'est pas chez les naturalistes passionnés de son temps, théoriciens de l'objectivité, que nous trouvons la distanciation esthétique qui renforce la vibration de la réalité, mais bien plutôt dans sa technique de spectateur.

C'est à partir de cette matrice formelle — on pourrait l'appeler le « ton machadien » — que nous pouvons comprendre la profondeur et la complexité d'une œuvre lucide et désenchantée, qui cache ses richesses les plus profondes. Comme chez Kafka et chez Gide, au contraire de Dostoïevski, Proust ou Faulkner, les tourments de l'homme et les iniquités du monde apparaissent chez lui sous un aspect nu et sans rhétorique, accentués par l'impartialité stylistique, dont nous avons déjà parlé.

Sa technique consiste essentiellement à suggérer les choses les plus terribles de la manière la plus candide (comme les ironistes du XVIIIe siècle) ; ou à établir un contraste entre la normalité sociale des faits et leur anormalité essentielle ; ou à suggérer, sous l'apparence du contraire, que l'acte exceptionnel est normal, alors que l'anormal serait l'acte habituel. Voilà le motif de sa modernité, malgré son archaïsme de surface.

Il n'est pas possible d'inclure dans une conférence l'analyse adéquate de ses diverses facettes. Mais je peux tenter de présenter quelques cas pour donner une idée de l'originalité qui aujourd'hui nous semble exister dans l'œuvre de Machado de Assis, et qui a été lentement dévoilée par les générations de critiques cités plus haut.

1. Peut-être pouvons-nous dire que l'un des problèmes fondamentaux de son œuvre est celui de l'identité. Qui suis-je ? Que suis-je ? En quelle mesure n'existé-je que par l'intermédiaire des autres ? Suis-je plus authentique quand je pense ou quand j'existe ? Y aurait-il plus d'un être en moi ? Voici quelques questions qui semblent former le substrat de beaucoup de ses contes et romans. Sous une forme atténuée, c'est le problème de la division de l'être ou du dédoublement de la personnalité, étudié par Augusto Meyer. Sous une forme extrême, c'est le problème des limites de la raison et de la folie, qui, très tôt, attira l'attention des critiques comme un des thèmes principaux de son œuvre.

Le premier cas, c'est l'objet, par exemple, du conte « Le miroir », où surgit la vieille allégorie de l'ombre perdue, courante dans la démonologie et rendue célèbre dans le romantisme par le Peter Schlemihl d'Adalbert von Chamisso. Un jeune homme, nommé sous-lieutenant de la Garde Nationale (la troupe de réserve qui, dans le Brésil Impérial, devint très tôt un simple prétexte pour donner des postes et des uniformes voyants à des personnes d'une certaine position), va passer quelque temps dans la « fazenda »* de sa tante. Celle-ci, fière de l'événement, crée une atmosphère qui valorise extrêmement le

* Grande propriété agricole.

poste de son neveu, en l'appelant, et en faisant en sorte que les esclaves l'appellent à tout moment « Monsieur le sous-lieutenant ». De telle manière que ce trait social finit par devenir une « deuxième âme », indispensable à l'intégrité psychologique du personnage.

Après quelques jours, la tante doit partir en voyage brusquement, et lui laisse la « fazenda » à charge. Les esclaves en profitent pour fuir, il reste dans la solitude la plus complète, et arrive au bord de la dissolution spirituelle, puisqu'il n'a plus le chœur louangeur qui évoquait son poste à chaque instant. A tel point qu'un jour, regardant dans un miroir, il voit son image apparaître presque dissoute, tachée et méconnaissable. Il lui vient alors l'idée de se vêtir de son uniforme et de passer quelque temps, tous les jours, devant le miroir, ce qui le tranquillise et rétablit son équilibre, car son image se projette à nouveau clairement, dûment revêtue du symbole social de l'uniforme. Ce qui signifie que l'intégrité personnelle résidait surtout dans l'opinion et les manifestations des autres, dans la société que l'uniforme représente, et dans cette partie de l'être qui est projection dans et de la société. L'uniforme du sous-lieutenant était aussi l'âme du sous-lieutenant — une des deux que tout homme possède, selon le narrateur — parce qu'il exprime cet « être-à-travers-les-autres », sans lequel nous ne sommes rien. Il est clair que la force du conte ne vient pas de cette conclusion banale, qui d'ailleurs est énoncée expressément par l'auteur, selon son habitude en ces cas-là. Elle vient de l'utilisation admirable de l'uniforme symbolique et du miroir monumental, dans le désert de la « fazenda » abandonnée, qui construit une espèce d'allégorie moderne des divisions de la personnalité et de la relativité de l'être.

Quant au problème de la folie, nous pouvons citer le conte *L'Aliéniste**, élaboré selon une structure que Forster qualifierait de « en sablier ». Un médecin fonde un asile pour les fous de la

---

* Ed. A.M. Métailié, 1984.

ville, et fait le diagnostic de toutes les manifestations d'anormalité mentale qu'il observe. Peu à peu l'asile se remplit, bientôt il abrite déjà la moitié de la population, la population presque tout entière ensuite, jusqu'à ce que l'aliéniste, en conséquence, sente que la vérité réside dans le contraire de sa théorie. Il fait alors relâcher les internés, et enfermer la petite minorité de personnes équilibrées, parce que, en tant qu'exceptions, c'est elles qui sont réellement anormales. La minorité est soumise à un traitement de « deuxième âme », pour employer les termes du conte précédent : chacun est tenté par une faiblesse, finit par y céder, et se mettant ainsi au niveau de la majorité, est libéré, jusqu'à ce que l'asile se vide de nouveau. L'aliéniste comprend alors que les germes de déséquilibre prospèrent d'autant plus facilement qu'ils étaient déjà latents en tous ; le mérite n'appartient donc pas à la thérapie. N'y aurait-il pas un seul homme normal, résistant aux sollicitations des manies, des vanités, du manque de pondération ? En s'analysant bien, il constate que c'est son cas ; et il décide de s'interner, seul dans le grand bâtiment vide de l'asile, où il meurt quelques mois plus tard. Et nous demandons : qui était fou ? ou bien, seraient-ils tous fous ? auquel cas personne ne l'est ? Notons que ce conte et le précédent manifestent, à la fin du XIXe siècle, ce qui fera la vogue de Pirandello à partir de la décennie de 1920.

2. Un autre problème qui surgit avec fréquence dans l'œuvre de Machado de Assis est celui de la relation entre le fait réel et le fait imaginé, qui sera un des axes du grand roman de Marcel Proust, et que tous deux analysent principalement en fonction de la jalousie. La même reversibilité existe entre la raison et la folie — elle rend impossible de tracer les frontières, et, donc, de les définir de manière satisfaisante — et entre ce qui est arrivé et ce dont nous pensons que c'est arrivé. Un de ses romans, *Dom Casmurro**, raconte l'histoire de Bento Santiago,

* Ed. A.M. Métailié, 1983.

qui, après la mort de son meilleur et plus fidèle ami, Escobar, se convainc que ce dernier a été l'amant de sa femme, Capitou, le personnage féminin le plus célèbre du romancier. Celle-ci nie, mais Bento assemble, pour étayer sa conviction un faisceau d'indices, dont le plus important est la ressemblance de son fils avec son ami défunt. Une spécialiste nord-américaine, Helen Caldwell, dans son livre *The Brazilian Othello of Machado de Assis*, a émis l'hypothèse viable parce que très machadienne, qu'en vérité Capitou ne trahit pas son mari. Comme c'est lui qui raconte le livre, à la première personne, il faut convenir que nous connaissons seulement *sa* vision des choses, et que, dans la furieuse « cristallisation » négative d'un jaloux, il est même possible de trouver des ressemblances inexistantes, ou qui sont le produit du hasard (comme celle de Capitou avec la mère de Sancha, femme d'Escobar). Mais le fait est que, à l'intérieur de l'univers machadien, il importe peu que la conviction de Bento soit fausse ou vraie, car la conséquence est exactement la même dans les deux cas : imaginaire ou réelle, elle détruit son foyer et sa vie. Et nous concluons que dans ce roman, comme dans d'autres moments de son œuvre, le réel peut être ce qui paraît réel. Et comme l'amitié et l'amour peuvent paraître mais ne pas être ni amitié ni amour, l'ambiguïté gnoséologique se joint à l'ambiguïté psychologique pour dissoudre les concepts moraux et instaurer un monde glissant, où les contraires se touchent et se dissolvent.

3. Dans ce cas, quel sens l'acte a-t-il ? Voici un autre problème fondamental chez Machado de Assis, qui le rapproche des préoccupations d'écrivains comme le Conrad de *Lord Jim* ou de *The Secret Sharer*, et qui a été un des thèmes centraux de l'existentialisme littéraire contemporain, chez Sartre et Camus, par exemple. Serais-je quelque chose de plus que l'acte qui m'exprime ? La vie serait-elle plus qu'une chaîne d'options ? Dans un de ses meilleurs romans, *Esaü et Jacob**, il reprend,

* Ed. A.M. Métailié, 1985.

alors qu'il arrive déjà à la fin de sa carrière, ce problème qui ponctue son œuvre entière. Il le reprend sous la forme symbolique de la rivalité permanente de deux frères jumeaux, Pedro et Paulo, qui représentent invariablement l'alternative de tout acte. L'un fait le contraire de l'autre, et évidemment les deux possibilités sont légitimes. Le grand problème posé ici est celui de la validité de l'acte et de son rapport avec le but qui le détermine. A travers la chronique apparemment banale d'une famille de la bourgeoisie « carioca »* de la fin de l'Empire et du début de la République, surgit à chaque instant ce débat, qui se complète avec le troisième personnage clé, la jeune Flora, que les deux frères aiment, bien sûr, et qui hésite, ne sachant pas comment choisir. C'est à elle, comme à d'autres femmes dans l'œuvre de Machado de Assis, qu'il échoit d'incarner la décision éthique, l'engagement de l'être dans l'acte qui ne revient pas en arrière, parce qu'une fois achevé, il définit et détermine l'être de celui qui a agi. Les frères agissent et choisissent sans cesse, parce qu'ils représentent les deux voies opposées d'une alternative ; mais elle, qui doit s'identifier à l'une ou l'autre, se sentirait, en le faisant, réduite de moitié, et seule la possession des deux moitiés à la fois la réaliserait ; ceci est impossible : ce serait supprimer la loi même de l'acte, qui est l'option. Symboliquement, Flora meurt sans choisir. Et nous sentons en elle le même souffle d'ataraxie qui a été l'illusion de Heyst, dans *Victory* de Joseph Conrad.

4. Il paraît évident que le thème de l'option se complète par l'une des obsessions fondamentales de Machado de Assis, très bien analysée par Lúcia Miguel-Pereira — le thème de la perfection, l'aspiration à l'acte complet, à l'œuvre totale, que nous trouvons dans divers contes, et surtout dans l'un des plus beaux et plus poignants de ceux qu'il écrivit : « Un homme célèbre ».

---

* Natif de Rio.

Il s'agit d'un compositeur de polka, le plus fameux du moment, Pestana, reconnu et célébré partout où il va, recherché par les éditeurs, comblé matériellement. Cependant, Pestana hait ses polkas, que tout le monde chante et exécute, parce que son désir est de composer une pièce savante de grande qualité, une sonate, une messe, comme celles qu'il admire chez Beethoven ou Mozart. La nuit, devant son piano, il passe des heures à solliciter l'inspiration, qui résiste. Après de nombreux jours, il commence à sentir quelque chose qui annonce la visite de la déesse, et son émotion augmente, il sent presque les notes désirées lui jaillir des doigts, il se précipite au clavier... et compose encore une polka ! Des polkas et toujours des polkas, chaque fois plus brillantes et populaires, c'est ce qu'il fait jusqu'à sa mort. L'alternative lui est refusée à lui aussi ; il ne lui reste plus qu'à faire ce qui est possible, non pas ce qui lui plairait. Dans ce conte terrible, sous la légèreté apparente de l'humour, l'impuissance spirituelle de l'homme crie comme depuis le fond d'un cachot.

5. Donc, la question surgit : si la fantaisie prend le pas sur la réalité, si nous n'arrivons pas à agir, sauf en mutilant notre moi, si ce qu'il y a de plus profond en nous, c'est en fin de compte l'opinion des autres, si nous sommes condamnés à ne pas atteindre ce qui nous paraît réellement précieux — quelle est la différence entre le bien et le mal, le juste et l'injuste, le vrai et le faux ? Machado de Assis, toute sa vie, a posé cette question, modulée de manière exemplaire dans le premier et le plus connu de ses grands romans de la maturité *Mémoires posthumes de Brás Cubas.* La vie même y est conçue d'une manière relative, puisque c'est un mort qui raconte sa propre histoire.

Ce sentiment profond de la relativité totale des actes, de l'impossibilité de les définir d'une manière adéquate, fait place au sentiment de l'absurde, de l'acte sans origine et du jugement sans fondement, ressort de l'œuvre de Kafka, et, auparavant, de l'acte gratuit de Gide, déjà présent dans l'œuvre de Dostoïevski, et qui parcourt discrètement celui de Machado de Assis. C'est le cas du conte « Une étrange coïncidence », où d'ailleurs nous pouvons trouver un bon exemple de l'esprit victorien de Machado ; n'osant pas mettre en scène une femme mariée, il décrit la situation de type conjugal d'une ancienne et discrète « fille de mœurs légères », qui vit avec un avocat et qui se comporte comme une épouse respectable et fidèle. Cependant, un jour, elle se donne sans raison apparente à un clochard, après l'avoir provoqué. L'avocat découvre ce fait par hasard, il s'ensuit une rupture violente qui provoque chez la jeune femme un désespoir si sincère et profond que les relations se renouent avec la même dignité de sentiments et d'attitudes qu'auparavant. L'avocat meurt, et elle reste fidèle à sa mémoire, comme une veuve pleurant un grand et unique amour.

Pourquoi donc cet acte inexplicable ? Il est impossible de le savoir. Et quel est le comportement qui traduit au mieux le personnage : la fidélité ou la transgression ? Impossible de le déterminer. Les actes et les sentiments sont encerclés par un halo d'absurde, de gratuité, qui rend difficiles non seulement les évaluations morales mais aussi les interprétations psychologiques. Quelques décennies plus tard, Freud montrera l'importance du lapsus et des comportements considérés comme occasionnels. Ils sont fréquents dans l'œuvre de Machado de Assis, révélant au lecteur attentif le sens profond des contradictions de l'âme.

6. Personnellement, ce qui m'attire le plus dans ses livres, c'est un autre thème, différent de ceux-ci : la transformation de l'homme en objet de l'homme, qui est une des malédictions liées au manque de réelle liberté, économique et spirituelle. Ce thème est un des démons familiers de son œuvre, depuis les formes atténuées du simple égoïsme, jusqu'aux extrémités du sadisme et du vol. Il s'y rattache la fameuse théorie de l'Humanitisme, élaborée par un de ses personnages, le philosophe

Joaquim Borba dos Santos, qui est fou, et par là même machadiennement lucide. Il figure au second plan dans deux de ses romans, *Mémoires Posthumes de Brás Cubas* et *Quincas Borba*, auquel son sobriquet sert de titre.

Les critiques, notamment Barreto Filho, qui a le mieux étudié la question, interprètent l'Humanitisme comme une satire du positivisme, et, en général, du naturalisme philosophique du XIXe siècle, surtout sous l'aspect de la Théorie darwinienne de la lutte pour la vie, avec la survivance des plus aptes. Mais, de plus, il y a d'évidence une connotation plus large, qui transcende la satire et montre l'homme comme un être dévorateur, dans la dynamique de qui la survivance du plus fort n'est qu'un épisode et un cas particulier. Cet instinct dévorateur, général et sourd, tend à transformer l'homme en instrument de l'homme, et de ce point de vue l'œuvre de Machado s'articule, beaucoup plus qu'il n'y pourrait paraître au premier abord, autour des concepts de l'aliénation et de la réification conséquente de la personnalité, dominants dans la pensée et la critique marxiste de nos jours, et déjà illustrés par l'œuvre des grands réalistes, hommes aussi différents de lui que Balzac et Zola.

Dans le roman *Quincas Borba*, un modeste professeur du primaire, Rubião, hérite une fortune du philosophe Quincas Borba, sous réserve de prendre soin de son chien, auquel il avait donné son propre nom. Mais avec la richesse qui, comme dans la légende des Nibelungen, est une espèce d'or maudit, Rubião hérite également de la folie de son ami. Sa fortune se disperse dans l'ostentation et l'entretien des parasites, mais elle sert surtout de capital dans les spéculations commerciales d'un habile arriviste, Christiano Palha, dont la femme, « la belle Sofia », provoque la passion de Rubião. L'amour et la folie surgissent ici, romantiquement, la main dans la main, mais le « tertio gaudens » est l'ambition économique, basse continue du roman, dont Rubião devient l'instrument. A la fin du roman, pauvre et fou, Rubião meurt dans l'abandon ; mais en compensation, comme le voulait la philosophie de l'Humanitisme, Palha et Sofia sont riches et considérés, dans la plus parfaite normalité sociale. Les faibles et les purs après avoir subtilement été manipulés comme des choses, sont ensuite écartés par le propre mécanisme de la narration, qui, d'une certaine façon, les rejette et se concentre sur les triomphateurs, laissant, au bout du compte, chez le lecteur, un doute sarcastique et plein de sous-entendus : le titre du livre désigne-t-il le philosophe ou le chien, l'homme ou l'animal, qui ont conditionné tous deux le destin de Rubião ? Celui-ci, au début, est simplement un homme, il en arrive, dans sa folie, à se croire empereur, et il finit comme une pauvre bête, fustigé par la faim et la pluie, au même niveau que son chien.

Il y a un conte, « Le mobile secret », où la relation dévoratrice d'homme à homme prend un caractère de paradigme. Fortunato est un monsieur froid et riche qui fait preuve d'intérêt pour la souffrance, secourant les blessés, veillant les malades, avec un dévouement exceptionnel. Marié alors qu'il avait déjà un certain âge, il est bon pour sa femme, mais elle manifeste face à lui une gêne qui ressemble plutôt à de la peur.

Le couple est ami avec un jeune médecin que Fortunato persuade de fonder, en association, une maison de santé dont il fournit les capitaux. Là, il prête une assistance constante aux malades, avec un profond intérêt, qui le pousse à étudier l'anatomie au moyen de la vivisection de chats et chiens. Les cris de douleur poussés par ceux-ci ébranlent les nerfs délicats de sa femme, qui demande au médecin d'obtenir de son mari l'arrêt des expériences. Le contact quotidien avait alors déjà éveillé chez le jeune homme une passion muette, pure, pour l'épouse de son ami, passion qui lui était certainement rendue. Le moment crucial du conte est la scène où le médecin trouve la femme de Fortunato terrifiée, et découvre celui-ci dans une autre salle, se livrant sur un rat à des tortures étonnantes et abjectes. D'une main, il tient un cordon attaché à la queue de l'animal, qu'il laisse descendre sur une assiette d'alcool enflammé, en le relevant plusieurs fois pour ne pas le tuer trop vite ; de l'autre, il lui coupe les pattes à coups de ciseaux. La description est longue et terrible, hors des habitudes discrètes et synthétiques de Machado de Assis. Le médecin comprend alors le type d'homme qu'il a pour ami : quelqu'un qui trouve le plus grand plaisir dans la douleur d'autrui.

Peu après, l'état de l'épouse empire, et finalement elle meurt. Le mari fait preuve d'un dévouement extrême, comme toujours, mais dans la phase finale de l'agonie, ce qui domine c'est le plaisir qu'il prend au spectacle. Pendant la veillée funèbre, il surprend le médecin à embrasser le front du cadavre et comprend tout dans un éclair de colère ; mais son ami éclate en sanglots désespérés et Fortunato qui observe sans être vu, « savoura, tranquille, cette explosion de douleur morale qui fut longue, très longue, délicieusement longue ».

Il n'est pas difficile de voir, au-delà de tout ce qui est d'évidence, que le sadique a transformé virtuellement sa femme et son ami en un couple amoureux, inhibé par le scrupule, et souffrant constamment ; tous deux deviennent l'instrument suprême de son plaisir monstrueux, de son attitude de manipulation dont le rat est le symbole. « Of mice and men », pourrait-on dire avec un peu d'humour noir, pour indiquer que l'homme, transformé en instrument de l'homme, est pratiquement réduit au niveau de l'animal torturé.

C'est à ce niveau que nous trouvons le Machado de Assis le plus terrible et le plus lucide, étendant à l'organisation des relations son regard démystificateur. S'il était resté au plan des aphorismes désenchantés qui fascinaient les premières générations de critiques ; ou même à celui des situations psychologiques ambiguës, qui sont ensuite devenues son principal attrait, peut-être n'eût-il pas été davantage qu'un des « héros de la décadence » dont parle Viana Moog. Mais il y a de plus dans son œuvre un intérêt plus large, dont l'origine est l'introduction discrète d'un étrange fil social dans la toile de son relativisme. Un sens profond, non documentaire, du « standing », des joutes de salon, du mouvement des couches sociales, de la puissance de l'argent, traverse tout son œuvre. Le gain, le lucre, le prestige, la souveraineté de l'intérêt, sont les ressorts de ses personnages ; ils apparaissent dans les *Mémoires Posthumes de Brás Cubas*, s'accentuent dans *Esaü et Jacob*, prédominent dans *Quincas Borba*, toujours transformés en *mode* d'être et de faire. Et les plus désagréables, les plus terribles de ses personnages, sont des hommes de coupe bourgeoise impeccable, parfaitement adaptés aux *mœurs* de la classe. A cet égard, il est intéressant de comparer l'anormalité essentielle du Fortunato de « Le mobile secret » avec sa parfaite normalité sociale de propriétaire cossu au comportement sobre, qui vit de ses rentes et du respect collectif. Le sens machadien des secrets de l'âme se conjugue dans beaucoup de cas avec une compréhension également profonde des structures sociales ; leur puissante immanence dans son œuvre est égale à celle du paysage, que Roger Bastide a révélée. Et à ses aliénés, dans un sens psychiatrique, correspondent certaines aliénations, dans un sens social et moral.

Cet écrit devrait s'intituler « Machado de Assis, un certain schéma », parce qu'il évoque surtout l'écrivain souterrain (qu'Augusto Meyer a localisé mieux que personne) vu sous plusieurs aspects, et en faisant référence aux tendances postérieures de la littérature. D'autres visages existent, y compris celui d'un Machado de Assis assez anecdotique et même trivial, auteur de nombreux contes de circonstance, qui ne dépassent pas le niveau de la chronique, ni le caractère de divertissement. C'est lui qui parfois frôle un certain dandysme, et une affectation gênante. Mais celui-ci, Dieu merci, est moins fréquent qu'un autre — voisin — drôle, astucieux, mû par une espèce de plaisir narratif, qui l'amène à engendrer des situations et à tisser des complications faciles à résoudre. Ce Machado de

Assis, sans prétention et de bonne humeur, constitue peut-être le point de référence des autres, parce que c'est de lui que vient le *ton* occasionnel et réticent, digressif et familier, de la majorité de ses contes et romans. Chez lui se manifeste l'amour de la fiction pour la fiction, l'habileté à tisser des histoires, qui s'approche de la gratuité déterminative du jeu. C'est de cet auteur habile et amusant que le Machado de Assis étudié ici est né — en une transition insensible qui l'amène, d'une « Nuit de l'Amiral » presque mélancolique à l'ambiguïté de « Dona Paula », puis à l'indécision troublante de « Dona Benedita » pour monter jusqu'à la surprise frappante de « Mme Galvão », au seuil d'un monde étrange déjà — transitions presque imperceptibles qui unifient la diversité de l'écrivain.

Ceci est dit pour justifier un conseil final : ne cherchons pas dans son œuvre une collection d'apologues, ni une galerie de portraits singuliers. Cherchons surtout les *situations fictionnelles* qu'il a inventées. Aussi bien celles où le destin et les événements s'organisent selon une sorte d'enchantement gratuit que les autres, riches de signification sous leur apparente simplicité, et qui mettent en lumière, sous une trompeuse neutralité de ton, les conflits essentiels de l'homme avec lui-même, avec les autres hommes, avec les classes et les groupes. Il en résulte une vision bien plus puissante que cette causerie ne pourrait le suggérer. Je ne puis faire mieux que conseiller à chacun d'oublier ce que la lecture des critiques m'a permis de dire, pour ouvrir au plus tôt les livres de Machado de Assis.

1968

Traduit par Jorge Coli et Pierre Laurens

La montre en or

Je m'en vais raconter maintenant l'histoire de la montre en or. C'était un oignon de belle taille, tout neuf, retenu par une chaîne élégante. Luis Negreiros avait bien raison lorsqu'il resta interloqué en voyant la montre chez lui, une montre qui ne lui appartenait pas, et ne pouvait davantage appartenir à sa femme. Etait-il victime d'une hallucination ? Pas le moins du monde ; la montre était bien là, sur la table de chevet dans la chambre, qui le regardait, éberluée peut-être tout autant que lui de se trouver en pareil lieu et situation.

Clarinha n'était pas dans la chambre lorsque son mari entra. Elle se reposait dans le salon, en feuilletant un roman, et n'avait ni plus ni moins réagi au baiser qu'il lui avait donné en arrivant. C'était une très jolie femme, cette Clarinha encore qu'un peu pâle ou peut-être, justement, à cause de sa pâleur. Elle était menue et de petite taille ; de loin, elle paraissait une enfant ; mais de près, pour peu qu'on rencontrât ses yeux, on se rendait compte qu'elle était femme au contraire, comme il y en a peu. Elle était mollement étendue sur le sofa, son livre ouvert, et les yeux sur le livre, les yeux seulement car les pensées, je ne pourrais affirmer, si elles étaient quelque part, qu'elles avaient trait au livre. Clarinha en tout cas paraissait à des lieues et de la montre et de son mari.

Luis Negreiros s'empara de la montre avec une expression que je ne me hasarderai pas à décrire. Pas plus la montre que la chaîne ne lui appartenaient ; elles n'appartenaient pas davantage à des personnes de sa connaissance. Il avait affaire à une charade. Luis Negreiros aimait les charades, et il passait pour un déchiffreur qu'aucune difficulté ne rebute ; mais il aimait les charades telles que les proposent les almanachs et les journaux. Les charades palpables et chronométriques, les charades dont le Tout est absent, Luis Negreiros ne les appréciait pas le moins du monde.

Pour cette raison, et d'autres qui sautent aux yeux, le lecteur aura compris dans quelles dispositions, rebroussant ses cheveux et tapant du pied, Luis Negreiros se laissa tomber sur une chaise, et lança la montre et la chaîne sur la table. Cette première manifestation de fureur calmée, Luis Negreiros prit de nouveau les deux pièces fatales, et de nouveau les examina. Il conclut de même. Il croisa alors les bras pendant un moment, et réfléchit à l'affaire, en interrogeant tous ses souvenirs ; il finit par trancher que, sans un éclaircissement de la part de Clarinha, toute conduite quelle qu'elle fut serait vaine ou précipitée.

Il se leva, alla vers sa femme.

Clarinha achevait justement sa page et tournait la suivante avec l'air indifférent et tranquille de qui n'est pas aux prises avec des charades chronométriques. Luis Negreiros la regarda en face ; ses yeux étaient comme deux poignards luisants.

— Qu'est-ce que tu as ? lui dit la jeune femme, de la voix douce et caressante que tout le monde s'accordait à lui reconnaître.

Luis Negreiros à cette question de sa femme, resta sans réponse ; pendant une seconde, il la dévisagea ; puis il se mit à faire le tour de la pièce, en fourrageant dans ses cheveux de telle façon que de nouveau la jeune femme lui demanda :

— Qu'est-ce que tu as ?

Luis Negreiros se planta devant elle :

— Qu'est-ce que cela ? dit-il en tirant de sa poche la montre fatale, et en la lui fourrant sous les yeux. Qu'est-ce que cela ? répéta-t-il d'une voix de tonnerre.

Clarinha se mordit les lèvres et ne répondit pas. Luis Negreiros demeura un moment la montre en main et les yeux sur sa femme, laquelle gardait les yeux sur son livre. Le silence était total. Luis Negreiros fut le premier à le rompre en jetant la montre par terre dans un grand fracas.

— Allez, parle ! A qui est cette montre ? aboya-t-il à l'adresse de sa femme.

Clarinha leva lentement les yeux sur son époux, puis elle les rabaissa, et murmura :

— Je ne sais pas.

Luis Negreiros fit un geste comme s'il allait l'étrangler ; il se contint. La jeune femme se leva, elle alla ramasser la montre, la déposa sur un guéridon. Luis Negreiros ne put davantage se contenir ; il marcha sur elle et, la prenant avec force aux poignets :

— Tu vas me répondre, démon ? lui dit-il. Tu vas ou non m'expliquer cette énigme ?

Clarinha eut un geste de douleur, et Luis Negreiros libéra aussitôt les poignets qu'il avait vilainement marqués. Il ne fait pas de doute qu'en toute autre circonstance il se fut immédiatement précipité aux pieds de sa femme pour lui demander pardon de l'avoir maltraitée. Mais cette fois il n'y pensa guère ; la plantant là, au milieu de la pièce, il se remit à arpenter celle-ci, toujours aussi agité, et en s'arrêtant de temps en temps, comme s'il méditait quelque tragique dénouement.

Clarinha sortit de la pièce.

Peu de temps après un esclave vint prévenir que le dîner était servi.

— Où est Madame ?

— Je ne sais pas, Monsieur.

Luis Negreiros se mit en devoir d'aller chercher sa femme. Il la trouva dans la lingerie, assise sur une chaise basse, le front dans les mains, en train de sangloter. Au bruit qu'il fit en fermant la porte derrière lui, Clarinha leva la tête, et Luis Negreiros put voir ses joues trempées de larmes. Cette situation fut pire pour lui que la précédente. Luis Negreiros ne pouvait voir pleurer une femme, et la sienne encore moins. Il allait essuyer ses larmes d'un baiser, mais il se reprit. Il marcha froidement sur sa femme et, avançant une chaise, s'assit en face d'elle.

— Je suis calme, comme tu vois, dit-il. Réponds à ce que je t'ai demandé avec la franchise dont tu as toujours usé envers moi. Je ne te soupçonne, ni ne t'accuse de rien. Je voudrais seulement savoir comment cette montre est venue échouer ici.

— C'est ton père qui l'a oubliée ?

— Non.

— Mais alors...

— Oh ! Ne me demande rien ! se récria Clarinha ; j'ignore totalement comment cette montre se trouve ici... Je ne sais pas à qui elle est... Laisse-moi.

— C'est un comble ! éclata Luis Negreiros, en se levant et en jetant sa chaise par terre.

Clarinha frissonna et se rencoigna sur sa chaise. La situation devenait grave ; Luis Negreiros marchait de long en large, ses yeux roulant dans leurs orbites, de plus en plus agité et paraissant sur le point de se jeter sur sa malheureuse épouse. Celle-ci, les coudes sur les genoux et la tête dans les mains, gardait les yeux rivés au mur. Près d'un quart d'heure s'écoula de la sorte. Luis Negreiros allait de nouveau interroger sa femme, lorsqu'il entendit la voix de son beau-père, qui montait l'escalier en appelant :

— Hé, Luis, mon garçon ! Hé là, chenapan !

— Voilà ton père qui vient, dit Luis Negreiros. Tu ne perds rien pour attendre.

Il sortit de la lingerie et s'avança pour accueillir son beau-père qui virevoltait déjà au milieu du salon avec son chapeau de soleil, au grand dam des vases et du candélabre.

— Vous dormiez ? demanda Monsieur Meireles, en enlevant son chapeau et en s'épongeant le crâne avec un grand mouchoir rouge carmin.

— Non, monsieur, nous causions...

— Vous causiez ? répéta Meireles.

Et il compléta à part lui :

« Une querelle d'amoureux... j'en mets ma main au feu. »

— Justement, nous allions dîner, dit Luis Negreiros. Vous nous accompagnez ?

— Je ne suis pas venu pour autre chose, opina Meireles. J'accepte pour aujourd'hui, comme j'accepte pour demain. Tu ne m'as pas invité, mais c'est tout comme.

— Je vous ai invité ?...

— Oui. Ce n'est pas demain ton anniversaire ?

— Ah ! c'est vrai !...

Il n'y avait pas de raison apparemment pour que cette réflexion faite une première fois sur un ton lugubre, Luis Negreiros se prit à la répéter sur un ton singulièrement joyeux :

— Ah ! c'est vrai !...

Meireles, qui se disposait déjà à suspendre son chapeau à un porte-manteau dans l'entrée, se retourna stupéfait sur son gendre ; le visage de celui-ci reflétait la plus franche, la plus soudaine, inexplicable, expression de joie.

— Il déménage, se dit tout bas Meireles.

— A table ! à table ! tonitrua Luis Negreiros vers l'intérieur de la maison, tandis que Meireles passait directement du couloir dans la salle à manger.

Luis Negreiros était retourné jusque dans la lingerie, où il trouva sa femme debout, qui rajustait sa chevelure.

— Merci, dit-il.

La jeune femme le regarda interdite.

— Merci, répéta Luis Negreiros, merci et pardonne-moi.

Et en même temps qu'il disait ces mots, il voulut la prendre dans ses bras ; mais la jeune femme, d'un geste plein de noblesse, écarta son mari et se dirigea vers la salle à manger.

— Elle a raison, murmura Luis Negreiros.

Quelques minutes plus tard ils étaient attablés tous les trois, et l'on servit le potage, dont Meireles jugea, comme on peut s'y attendre, qu'il était glacé. Il allait entamer l'habituelle litanie sur l'incurie des domestiques, lorsque Luis Negreiros le coupa en s'accusant, il y avait déjà un bon moment que le potage était sur la table. Aveu qui ne fit que modifier la teneur du discours, lequel se déplaça sur le scandale qu'est un dîner réchauffé, — *qui ne vaut jamais rien**.

Meireles était un homme enjoué, spirituel, un rien frivole peut-être pour son âge, mais une personne, à tout prendre, intéressante. Luis Negreiros l'appréciait beaucoup, et cette affection de parent et d'ami lui était rendue de façon d'autant plus sincère que Meireles n'avait consenti à lui donner sa fille qu'après longtemps, et bien contre son gré. Les avances avaient duré environ quatre années, et il en avait fallu deux de plus au père de Clarinha pour délibérer et trancher quant à la question du mariage. Finalement il avait donné son accord, fléchi, disait-il, beaucoup plus par les larmes de sa fille que par les plaidoyers du futur gendre.

---

* En français dans le texte.

La raison de tergiversations aussi prolongées tenait aux manières peu austères de Luis Negreiros, non point celles qu'il démontra pendant qu'il faisait sa cour, mais celles qui avaient précédé, et dont rien n'assurait qu'elles ne survivraient pas. Meireles confessait sans malice qu'il avait été un mari fort peu exemplaire, que précisément cette raison l'obligeait à ne donner sa fille qu'à meilleur époux que lui. Luis Negreiros donna un démenti aux appréhensions de son beau-père ; le lion impétueux des anciens jours se révéla le plus paisible des agneaux. L'amitié s'établit, franche, entre les deux hommes, et Clarinha fut bientôt l'une des jeunes femmes les plus enviées de la ville.

Le mérite de Luis Negreiros était d'autant plus grand que les tentations ne lui manquaient pas. Le diable, parfois, se glissait dans la peau d'un ami et venait le convier à quelque commémoration des années passées. Mais Luis Negreiros opposait qu'il avait accosté à bon port, et qu'il n'entendait nullement se risquer de nouveau en haute mer, à essuyer les tourmentes.

Clarinha aimait tendrement son mari, et elle était la plus docile et la plus aimable des créatures. Jamais entre eux deux le plus léger nuage ne s'était montré ; la limpidité du ciel conjugal, à travers les jours, demeurait égale ; et elle semblait devoir durer jusqu'au bout des temps. Quel mauvais destin avait donc soufflé là le premier nuage ?

De tout le dîner Clarinha ne proféra pas un mot ; ou le peu qu'elle dit le fut sur un ton sec et le plus brièvement possible.

— Ils sont en froid, c'est sûr, conclut Meireles, devant le mutisme résolu de sa fille. Ou plutôt, elle seule est fâchée, parce que lui m'a l'air de charmante humeur.

Luis Negreiros en effet se répandait en affabilités, en prévenances et petits soins à l'égard de sa femme, laquelle ne daignait tout simplement pas le regarder. Et déjà le mari vouait son beau-père au diable, tant il était impatient de se retrouver en tête à tête avec son épouse pour une dernière explication, qui réconcilierait les esprits. Clarinha, quant à elle, ne semblait guère avoir le même désir ; c'est à peine si elle toucha aux plats, et à deux ou trois reprises un soupir lui échappa de la poitrine.

Point n'est besoin d'en dire plus pour qu'il apparaisse que le dîner, quels que soient les efforts de part et d'autre, ne pouvait ressembler à ceux des autres jours. Meireles surtout ne savait trop quelle contenance prendre. Non qu'il redoutât quelque événement grave survenu dans la maison ; il était d'avis qu'il faut s'être querellé pour connaître son bonheur, de même qu'on ne saurait, sans la tempête, apprécier le beau temps. Malgré tout, la tristesse de sa fille jetait toujours une ombre sur son bel entrain.

Au moment du café, Meireles proposa qu'ils terminent la soirée au théâtre. Luis Negreiros accepta avec enthousiasme. Clarinha refusa sèchement.

— Je ne te comprends pas aujourd'hui, Clarinha, dit son père avec une légère impatience. Ton mari est tout content, et tu m'as l'air abattue et préoccupée. Que se passe-t-il ?

Clarinha ne répondit pas. Luis Negreiros ne sachant quoi dire, choisit de faire des boulettes avec de la mie de pain. Meireles haussa les épaules.

— Arrangez-vous tous les deux, dit-il. Mais je vous préviens, si demain, en dépit du jour dont il s'agit, vous êtes toujours dans les mêmes dispositions, même mon ombre vous ne la verrez pas.

— Surtout pas, il faut que vous veniez, disait déjà Luis Negreiros, quand il fut interrompu par sa femme qui éclata en sanglots.

Le dîner se termina là-dessus, désolant et lugubre. Meireles demanda à son gendre de lui expliquer de quoi il retournait, ce que Luis Negreiros promit de faire à la première occasion.

Le père de Clarinha s'éclipsa sans plus attendre, et non sans protester encore que s'il les retrouvait le lendemain dans les mêmes dispositions, il ne remettrait plus les pieds dans la maison ; et que s'il connaissait pire qu'un dîner refroidi ou réchauffé, c'était sans conteste un dîner mal digéré. Axiome qui valait bien celui de Boileau, mais auquel nul ne prêta attention.

Clarinha s'était retirée dans sa chambre. A peine son beau-père raccompagné, Luis Negreiros courut la rejoindre. Il la trouva assise sur le lit, et qui sanglotait, la tête dans un oreiller. Luis Negreiros s'agenouilla devant elle et lui prit une main.

— Clarinha, dit-il, pardonne-moi tout. Je sais maintenant la raison de la montre ; si ton père ne m'avait rappelé le dîner de demain, j'aurais été incapable de deviner que cette montre est le cadeau d'anniversaire que tu me préparais.

Je ne me hasarde pas à décrire la superbe avec laquelle la jeune femme se dressa, indignée, en entendant ces mots de son mari. Luis Negreiros la regarda sans plus rien comprendre. Clarinha ne fit ni une ni deux, elle se précipita hors de la pièce, laissant son malheureux époux plus interdit que jamais.

« Mais qu'est-ce enfin que cette énigme ? » se torturait Luis Negreiros. « Si cette montre n'est pas une attention pour mon anniversaire, quelle explication peut-elle bien avoir ? »

La situation était la même qu'avant le dîner. Luis Negreiros se promit d'en avoir le cœur net le soir même. Mais considérant qu'il convenait de réfléchir mûrement à l'affaire et de se ranger à une décision qui soit définitive, il commença par se retirer dans son bureau ; là, il se remémora tout ce qui s'était produit depuis qu'il était rentré. Il soupesa froidement chaque incident et toutes les raisons, cherchant à visualiser dans sa mémoire chacune des expressions de la jeune femme au long de la soirée. Son geste d'indignation et de répulsion lorsque, dans la lingerie, il s'était approché pour l'embrasser parlait en sa faveur ; mais la façon dont elle s'était mordue les lèvres au moment où il lui avait présenté la montre, les larmes qu'elle n'avait pu retenir à table, et plus que tout le silence où elle s'obstinait concernant la provenance du fatal objet, tout cela parlait contre la jeune femme.

Luis Negreiros, ayant ainsi longuement cogité, dut bientôt se rendre à la plus déplorable des hypothèses. Une méchante idée commença à lui pénétrer l'esprit comme une vrille et s'enfonça si profond, qu'en peu d'instants elle se fut emparée de lui. Luis Negreiros était homme à réagir lorsque les circonstances le réclamaient. Proférant deux ou trois menaces, il sortit de son bureau et alla retrouver sa femme.

Clarinha s'était de nouveau réfugiée dans sa chambre. Elle ne s'était pas enfermée. Il était maintenant neuf heures du soir. Une petite lampe éclairait chichement l'alcôve. La jeune femme s'était pareillement installée sur le lit, mais cette fois elle ne pleurait plus ; elle fixait les yeux à terre, et ne les releva pas lorsque son mari entra.

Il y eut un silence. Que Luis Negreiros fut le premier à rompre.

— Clarinha, dit-il, ce moment est solennel. Veux-tu bien répondre à ce que je t'ai demandé cet après-midi ?

La jeune femme ne répondit pas.

— Réfléchis bien, Clarinha, peut-être es-tu en train de risquer ta vie.

La jeune femme haussa les épaules. Un nuage noircit les yeux de Luis Negreiros. L'infortuné mari saisit sa femme au cou et rugit :

— Réponds, démon, ou tu meurs !

Clarinha poussa un cri :

— Tue-moi, dit-elle, mais d'abord lis ceci. Cette lettre a été déposée à ton cabinet ; mais tu étais déjà sorti, elle ne t'a pas trouvé ; c'est le porteur qui me l'a dit.

Luis Negreiros prit la lettre ; il s'approcha sous la petite lampe et, stupéfait, lut ces lignes :

Mon petit cœur, je sais que demain c'est ton anniversaire ; je t'envoie ce souvenir.

Ta Iaià.

Ainsi se termina l'histoire de la montre en or.

Des bras

Inácio frémit en entendant les cris de l'avocat, il saisit l'assiette que celui-ci lui tendait et se mit en devoir de manger sous le roulement d'invectives — bon à rien, tête sans cervelle, imbécile, crétin — qui crépitait.

— Où es-tu encore, tu n'entends jamais rien de ce que je dis ? Je m'en vais tout raconter à ton père, qu'il te secoue les puces avec une bonne volée de bois vert, ou de coups de bâton ; tu es encore en âge d'être corrigé, qu'est-ce que tu crois. Imbécile ! Crétin !

— Et dis-toi qu'ailleurs, c'est exactement la même chose qu'ici, continua-t-il en se tournant vers Dona Severina, la jeune femme avec laquelle il vivait maritalement depuis des années. Il me mélange tous les dossiers ; quand on lui demande d'aller chez un greffier, c'est le diable, régulièrement il va chez l'autre, il se trompe d'avocat... Et cet éternel sommeil, lourd, le même tous les matins, pour le faire lever, il faudrait lui rompre les os... Mais, gare ! C'est avec le balai, un de ces matins, que je vais le sortir du lit !

Dona Severina, discrètement, lui fit un appel du pied, comme pour le prévenir d'arrêter. Borges cracha encore deux ou trois insultes, puis il se tut, en règle envers Dieu et envers les hommes.

Je dis « en règle envers les hommes », et non pas envers les gamins, car notre Inácio, à tout prendre, n'était plus un gamin. Il avait quinze ans, sonnés et bien sonnés. La tête guère bien remplie, mais une jolie figure et de ces grands yeux d'adolescent qui rêvent, devinent, interrogent, veulent comprendre et n'en finissent pas de ne rien comprendre à rien. Le tout posé sur un corps non dépourvu de grâce, encore que mal vêtu. Le père, un barbier de *Cidade Nova*, l'a placé chez Borges, un petit avocat, en qualité de coursier, commis ou tout ce qu'on voudra, pour s'être imaginé, le brave homme, que dans cette profession l'on gagne gros. Cela se passait rue da Lapa, en 1870.

On n'entendit plus pendant quelques minutes que le tintement des couverts et des bruits de mastication. Borges s'empiffrait de salade et de viande de bœuf ; de temps à autre il s'interrompait pour ponctuer son office par une gorgée de vin, puis reprenait de plus belle, sans un mot.

Inácio s'affairait lentement dans son assiette, sans lever les yeux, sans plus oser surtout les diriger là où ils étaient posés lorsque le redoutable Borges l'avait pris à partie. C'eut été, il est vrai, de la dernière imprudence. Jamais il ne s'était aventuré à laisser son regard s'attarder sur les bras de Dona Severina sans aussitôt tout oublier, et de lui-même et du reste.

La faute aussi en était d'abord à Dona Severina qui avait pour habitude de les promener ainsi, dénudés, constamment. Toutes les robes qu'elle portait dans la maison, avaient des manches courtes, de la largeur d'une main ; de sorte que ses bras, en dessous, s'étalaient, offerts au regard. De beaux bras, en vérité, bien en chair, et en parfaite harmonie avec la dame, qui était plutôt ronde que mince, et le fait d'être à l'air ne leur faisait rien perdre de leur coloration ni de leur velouté ; mais il convient de préciser qu'elle les portait ainsi non par affectation, mais parce qu'elle avait déjà usé toutes ses robes à manches longues. Debout, elle était remarquable, avec, quand elle se déplaçait, des manières pleines de grâce ; Inácio, cependant, ne la voyait pour ainsi dire qu'à table, où, en plus des bras, il s'avérait bien difficile de contempler son buste. On ne peut pas dire qu'elle était jolie, mais elle n'était pas laide non plus. Aucune parure ; et même de ses cheveux, elle ne fait pas grand cas : elle les a lissés, les a tirés, les a attachés et fixés sur le haut du crâne avec le peigne d'écaille hérité de sa mère. Au cou, un foulard sombre ; aux oreilles, rien du tout. L'ensemble portant vingt-sept années, solides et épanouies.

Le dîner terminé, Borges, au moment du café, tira quatre cigares de sa poche de poitrine, il les compara, les fit rouler entre ses doigts, en choisit un, rangea les trois autres. Son cigare allumé, il se cala les coudes sur la table et se mit à entretenir Dona Severina d'une foule de choses ne présentant aucun intérêt pour notre Inácio ; mais Borges, occupé à parler, oubliant de s'en prendre à lui, le jeune homme pouvait à loisir se laisser aller à ses imaginations.

Inácio s'attarda pour le café le plus longtemps qu'il put ; entre une gorgée et une autre, il lissait la table, arrachait de ses doigts des petits bouts de peau qui n'existaient pas, ou promenait son regard sur les tableaux accrochés dans la pièce, un Saint Jean et un Saint Pierre, deux pancartes rapportées d'une fête et encadrées ensuite à la maison. Passe encore de paraître occupé par Saint Jean, dont la tête jeune et belle réjouit les imaginations catholiques ; mais pour ce qui est de l'austère Saint Pierre, c'en était trop. La seule explication est que le garçon ne voyait en fait ni l'un ni l'autre ; son regard errait pour rien de ce côté. Il ne voyait que les bras de Dona Severina, soit qu'il portât les yeux sur eux, soit qu'il continuât, dans sa mémoire, de les contempler.

— Tu es toujours là, tonna tout à coup l'avocat-stagiaire.

Il n'y avait pas d'issue. Inácio avala la dernière goutte, déjà refroidie, de son café, et s'éclipsa comme d'habitude, jusque dans sa chambre, au fond de la maison. Il eut en entrant un geste, exaspéré, de découragement, puis il alla s'accouder à l'une des deux fenêtres qui donnaient sur le large. Au bout de cinq minutes, plongé dans la contemplation de la mer proche et des montagnes en arrière-fond, il recouvra l'impression vague, confuse, inquiète, qui lui était à la fois douleur et plaisir, quelque chose comme ce que doit éprouver la plante lorsque lui éclôt sa première fleur. Il avait envie de s'en aller et envie de rester. Il y avait maintenant cinq semaines qu'il vivait dans cette maison sans que son existence, depuis le lever jusqu'au coucher, ait changé d'un iota ; le matin il sortait en même temps que Borges, puis courait de bureaux en audiences, pour porter des papiers à l'enregistrement ou à la répartition, remettre les dossiers aux greffiers, aux officiers de justice. L'après-midi il revenait, on dînait, puis il se retirait dans sa chambre en attendant l'heure du souper. Borges ne l'avait nullement introduit dans l'intimité du cercle de famille, lequel se composait uniquement de Dona Severina, et qu'Inácio ne rencontrait pas plus de trois fois par jour, à l'heure des repas. Cinq semaines de solitude et de travail insipide, loin de sa mère et de ses sœurs ; cinq semaines de silence, car il ne parlait, et encore rarement, qu'en dehors de la maison ; à l'intérieur, jamais.

— Ils vont voir ce qu'ils vont voir, se dit-il un jour. Je me tire d'ici, et on ne m'y verra plus.

Il ne s'en alla pas ; il se sentit retenu enchaîné par les bras de Dona Severina. Jamais il n'en avait vu d'aussi jolis et d'aussi frais. L'éducation qu'il avait reçue ne lui avait pas permis dans les débuts de les observer ouvertement, et sans doute avait-il même commencé, gêné, par détourner les yeux. Peu à peu il s'enhardit, les détaillant, les admirant, en voyant qu'aucune manche, jamais, ne les dissimulait. A telle enseigne qu'au bout de trois semaines les bras, moralement parlant, étaient sa tente de repos. Il endurait tout, l'effervescence dans le travail, la mélancolie du silence et de la solitude, et toute la grossièreté de son employeur, pour la seule rémunération d'avoir sous les yeux, trois fois par jour, la fameuse paire de bras.

Ce même jour, à la nuit tombante, tandis qu'Inácio s'étirait dans son hamac (la chambre ne comportait pas d'autre lit), dans la pièce sur le devant de la maison, Dona Severina se remémorait l'épisode du dîner et, pour la première fois, elle subodora quelque chose. Mais — allons donc, un enfant ! — elle repoussa cette supposition aussi vite qu'elle lui était venue. Mais certaines suppositions sont de la famille des mouches : plus on les chasse, plus elles reviennent, insistantes, vous assiéger. Un enfant ? Il avait quinze ans ; et Dona Severina s'avisa qu'entre le nez et la bouche du garçon s'esquissait une ombre de moustache. Quoi d'étonnant qu'il commençât à aimer. Et de plus n'était-elle pas jolie ? Loin de l'écarter, elle cajola, caressa cette seconde observation : elle se mit à récapituler les attitudes, les oublis et les distractions du jeune homme, tel incident et tel autre, et conclut alors par l'affirmative.

— Qu'est-ce que tu as ? l'interrompit l'avocat, affalé sur le canapé, au bout d'un moment.

— Je n'ai rien.

— Rien ? C'est à croire que dans cette maison on ne sait plus que dormir. Attendez un peu, je connais, moi, un remède de choix pour guérir la maladie du sommeil...

Et, furieux, il poursuivit sur le même ton, une salve de menaces qu'il eut été fort incapable, en réalité, de mettre à exécution, car il était bien davantage un homme grossier que véritablement méchant. Dona Severina tentait de le calmer, non, il se trompait, elle ne dormait pas, elle pensait à sa commère, Fortunata. Ils ne lui avaient pas rendu visite depuis Noël, pourquoi ne pas y aller un de ces soirs ? Borges protestait, il était fatigué, il travaillait comme un nègre, et il abhorrait ce genre de visites ; puis il s'en prit à la commère, s'en prit au compère, s'en prit au filleul, lequel, à l'âge de dix ans, n'allait pas encore au collège. Lui, Borges, savait déjà lire, écrire et compter à cet âge, pas parfaitement évidemment, mais au moins il savait. Dix ans ! En voilà un qui allait faire une belle fin : — un vagabond, un âne bâté ! A la caserne, oui, on lui apprendrait !

Dona Severina tentait de l'apaiser — sa commère avait des excuses, la pauvreté, la neurasthénie du mari — tout en lui prodiguant des caresses, prudemment, de peur de l'irriter. La nuit était tout à fait tombée ; elle entendit le clic-clac, dehors, du bec de gaz qu'on venait d'allumer, et elle vit le reflet dans les fenêtres de la maison d'en face. Borges, fatigué de sa journée car, de fait, c'était un travailleur de premier ordre, commençait, les yeux clos, à s'assoupir, et il la laissa seule dans la pièce, seule avec elle-même et la découverte qu'elle venait de faire, dans le noir.

Tout paraissait confirmer à la dame qu'elle était dans le vrai. Mais ce vrai, passée la première surprise, la jeta dans une confusion mentale, dont elle ne prit conscience que par ses effets, tant elle restait impuissante à discerner ce dont il retournait. Elle ne pouvait ni se comprendre, ni se raisonner, au point qu'elle pensa un moment, en référer à l'avocat afin qu'il congédie l'impur. Mais au nom de quoi ? Elle marqua une pause : elle ne disposait, à tout prendre, que de suppositions, de coïncidences, et d'illusions probablement. Non, non, ce n'était pas des illusions. Et elle s'empressait de rassembler de vagues indices, certains comportements, les rougeurs, les distractions du petit jeune homme, pour se bien convaincre qu'elle ne se trompait pas. Mais il ne lui fallut pas longtemps (captieuse nature !), réfléchissant qu'il serait mal de sa part de porter une accusation sans preuve suffisante, pour conclure que, certainement, elle s'illusionnait et pour, en conséquence, s'octroyer un délai, afin de pouvoir observer Inácio tout à son aise et décider ensuite de la réalité de la chose.

Ce même soir, sans en avoir l'air, Dona Severina surveilla les manières de l'adolescent. Elle ne put rien relever car le rituel était bref, et Inácio ne leva pas les yeux de sa tasse. Le lendemain elle put l'observer plus longuement, et plus à loisir encore les jours suivants. Elle perçut que, oui, elle était aimée et redoutée, aimée d'un amour vierge et adolescent entravé par les contraintes sociales et par un sentiment de son infériorité qui interdisait au jeune homme de s'avouer à lui-même. Dona Severina comprit qu'elle n'avait à craindre aucune irrévérence, et elle conclut que le mieux était de ne rien dire à l'avocat-stagiaire. Elle lui épargnerait ainsi un réel désagrément, et tout autant au pauvre enfant. Car déjà elle se persuadait qu'Inácio était encore un enfant et elle résolut de se montrer aussi sèche envers lui qu'elle l'avait toujours été, et même davantage. Ce qu'elle fit ; Inácio commença à se rendre compte qu'elle lui parlait durement, presque autant que Borges lui-même, et que son regard le fuyait. A d'autres moments, il est vrai, la voix de Dona Severina la trahissait, douce, très douce, et moelleuse ; de même son regard, qui la plupart du temps se dérobait, venait de temps à autre, à force d'errer ailleurs, se poser pour se reposer sur le visage d'Inácio, mais cela ne durait pas.

— Je m'en vais, se répétait le garçon dans la rue, comme aux premiers temps.

Il passait le seuil de la maison et oubliait de s'en aller. Les bras de Dona Severina l'enfermaient dans une parenthèse, au cœur de la longue et fastidieuse étape de son existence qu'il avait à affronter, et cette halte donnait lieu à une idée profonde, originale, inventée par le ciel, rien que pour lui. Il laissait les choses aller d'elles-mêmes, et en faisait autant. A la fin, pourtant, il lui fallut s'en aller. Voici comment, et pourquoi.

Dona Severina depuis quelques jours le traitait avec bienveillance. La rudesse de sa voix semblait avoir disparue ; plus que de la mansuétude, elle lui marquait même de la prévenance et de la tendresse. Tel jour, elle lui recommandait de ne pas s'exposer dans les courants d'air ; tel autre, d'éviter de boire de l'eau froide après un café chaud ; conseils, rappels, soins de mère et d'amie qui causèrent à son âme une confusion et une perplexité accrues. Inácio prit confiance jusqu'à éclater de rire un jour à table, chose qu'il n'avait jamais faite ; et l'avocat, cette fois-là, ne le rabroua pas, car c'est lui qui racontait l'histoire qui avait fait rire Inácio, et nul ne punit pour avoir été applaudi. Ce fut l'occasion pour Dona Severina de remarquer que les lèvres du petit jeune homme, fort gracieuses déjà lorsqu'elles étaient closes, ne l'étaient pas moins lorsqu'il riait.

Le trouble d'Inácio allait croissant, sans qu'il parvienne à se calmer ni à se comprendre. Il n'était pas une zone en lui où il se sente bien. Il se réveillait la nuit, pour aussitôt penser à Dona Severina. Dehors, dans la journée, il confondait les coins des rues, se trompait de portes, bien plus encore qu'avant, et il ne pouvait apercevoir une femme, que ce soit de près ou de loin, sans qu'elle lui rappelle Dona Severina. Dès le couloir, lorsqu'il revenait à la maison, après le travail, il éprouvait toujours une émotion, intense parfois, quand il l'apercevait, qui regardait du haut de l'escalier entre les barreaux de bois de la rampe, comme si elle était venue voir qui arrivait.

Un dimanche — jamais il n'oublia ce dimanche — il était seul dans sa chambre à la fenêtre, regardant vers la mer qui lui parlait le même langage, nouveau et énigmatique, que Dona Severina. Il se distrayait en observant les évolutions des mouettes qui décrivaient de grands cercles dans le ciel, ou venaient se poser, paresseuses, à la surface de l'eau, ou voletaient : la journée était radieuse ; ce n'était pas seulement un dimanche chrétien ; c'était un immense dimanche universel.

Tous ses dimanches, Inácio les avait passés de la sorte, seul dans sa chambre, soit à regarder par la fenêtre, soit à relire deux ou trois brochures qu'il avait apportées avec lui, des romances d'autrefois, achetées en solde sous le passage du Largo do Paço. Il était deux heures de l'après-midi. Il était fatigué, car il avait mal dormi la nuit précédente, après avoir beaucoup marché la veille. Il s'étira dans le hamac, s'empara d'une des brochures, *La Princesse Magalona*, et se mit à lire. Jamais il ne put comprendre pourquoi les héroïnes de ces vieilles histoires avaient la taille et les traits de Dona Severina ; mais ce qui est sûr, c'est qu'elles avaient les mêmes. Au bout d'une demi-heure, il laissa tomber sa lecture et son regard se posa sur le mur, dont, cinq minutes plus tard, il vit sortir la dame de ses pensées. Normalement, il eût dû s'étonner, mais il ne s'étonna pas. Et bien que ses paupières fussent closes, il la vit se détacher complètement du mur, s'arrêter, puis lui sourire et se diriger vers le hamac. C'était bien elle, c'était bien ses bras.

Il est sûr, pourtant, que Dona Severina ne pouvait pas plus être sortie du mur, étant donné qu'il y avait une ouverture, la porte, dans la pièce, qu'être entrée puisque, au même moment exactement, elle se trouvait dans la salle de devant, d'où lui parvenaient les pas de l'avocat descendant l'escalier. Elle l'entendit descendre, alla à la fenêtre pour le voir sortir, et ne rentra que lorsque la silhouette, au loin, se fut évanouie vers la rue das Mangueiras. Alors elle alla s'asseoir sur le canapé, elle avait l'air tout à fait hors d'elle, inquiète, presque folle : elle se leva, alla prendre le vase posé sur le buffet, le replaça au même endroit ; puis elle se dirigea vers la porte où elle s'arrêta, et elle revint, comme si elle ne savait que faire d'elle-même. Elle se rassit pendant cinq à dix minutes. Tout à coup, elle se souvint qu'Inácio n'avait presque rien mangé à l'heure du déjeuner et qu'il avait l'air abattu ; peut-être était-il malade, et peut-être, qui sait, peut-être même très malade ?

Elle sortit de la pièce, franchit le couloir d'un bond jusqu'à la chambre du jeune homme, dont elle trouva la porte grande ouverte. Dona Severina s'arrêta, elle regarda à l'intérieur et le vit qui dormait, un bras hors du hamac, et la brochure par terre. La tête était inclinée du côté de la porte, laissant voir les yeux clos, les cheveux en désordre, et l'air de rire, une expression de grande béatitude sur tout le visage.

Dona Severina sentit son cœur battre la chamade et elle recula. La nuit, elle avait rêvé de lui ; peut-être était-il en train de rêver d'elle. Elle n'avait cessé, depuis le matin d'avoir la silhouette du jeune homme sous les yeux, comme une tentation diabolique. Elle recula encore, puis revint sur ses pas, et pendant quatre à cinq minutes, plus peut-être, elle regarda. Le sommeil accentuait l'air adolescent d'Inácio, lui prêtant une expression presque féminine, puérile presque. Un enfant ! se dit-elle, dans cette langue sans parole dont nous disposons tous. Et cette idée refroidit le remuement de son sang, et dissipa en partie l'égarement de ses sens — un enfant !

Elle le contempla longuement, s'emplit les yeux du tableau qu'il faisait, la tête inclinée, le bras abandonné ; mais, en même temps qu'elle le voyait enfant, elle le trouvait joli, beaucoup plus joli endormi qu'éveillé, et cette seconde impression corrigeait ou battait en brêche la première. Soudain elle sursauta et recula effrayée ; elle venait d'entendre un bruit dans la lingerie ; elle alla voir, c'était un chat qui avait fait tomber un pot en terre. En revenant pour épier Inácio, elle vit qu'il dormait profondément. Il avait le sommeil de plomb des enfants ! Le bruit qui l'avait tellement fait sursauter n'avait même pas suffi à le faire changer de position. Et elle continua à le regarder dormir — dormir et peut-être rêver.

Que ne pouvons-nous voir les rêves les uns des autres ! Dona Severina se serait vue elle-même dans l'imagination du jeune homme ; elle se serait vue devant le hamac, debout et souriante, puis se pencher, l'attirer de ses deux mains jusque sur sa poitrine, et là l'entourer de ses bras, les fameux bras qui avaient l'amour d'Inácio. Et le jeune homme pendant ce temps l'écoutait, buvait ses paroles qui étaient belles, chaudes, et neuves surtout — ou qui tout au moins appartenaient à un idiome que, tout en le comprenant, il ne connaissait pas. Par deux, trois, et quatre fois, la silhouette s'évanouit, mais elle réapparaissait, venue de la mer ou de quelque autre lieu dans un envol de mouettes, ou traversant le couloir, avec cette grâce robuste qui la caractérisait. Et revenant, elle se penchait, de nouveau l'attirait de ses deux mains sur sa poitrine, l'entourait de ses bras, jusqu'à, se penchant davantage, et encore davantage, lui prendre les lèvres et lui déposer un baiser sur la bouche.

A ce point, le rêve coïncida avec la réalité, et ces mêmes bouches s'unirent, en imagination et hors d'elle. Avec cette différence que la vision ne s'évanouit pas, tandis que la personne réelle, aussi rapidement qu'elle avait accompli ce geste, se sauvait jusqu'à la porte, effarée, humiliée. Dona Severina se retrouva dans la pièce de devant, le regard brouillé, toute étourdie de ce qu'elle avait fait. Elle prêtait l'oreille, allait sur le seuil, à l'entrée du couloir, écouter si elle entendait quelque bruit l'avertissant qu'il s'était réveillé. Ce n'est qu'au bout d'un long moment qu'elle commença à se rassurer. L'enfant, en vérité, avait un sommeil de pierre ! Rien ne semblait l'avoir réveillé, ni les bruits proches, ni les baisers reçus. Mais si, petit à petit, la peur s'évanouit, la honte ne fit que croître. Dona Severina n'arrivait pas à croire qu'elle ait pu faire une chose pareille ; sans doute avait-elle emballé ses désirs dans l'idée que ce n'était là qu'un enfant amoureux irresponsable et inconscient ; et, moitié mère, moitié amie, elle s'était penchée et l'avait embrassé. Quoi qu'il en soit, elle était confuse, irritée, ennuyée, et mal avec elle-même, mal avec Inácio. La crainte qu'il ait pu faire semblant de dormir se fit jour dans son âme et la fit frissonner.

Mais le fait est qu'Inácio dormit encore un long moment ; il ne se réveilla que pour le dîner. Il prit place à table, tout content, et bien que l'avocat lui parût plus irascible encore qu'à l'ordinaire, et Dona Severina particulièrement silencieuse et sévère, ni la mauvaise humeur de l'un, ni la raideur de l'autre ne parvinrent à dissiper la vision gracieuse qu'il transportait en lui, non plus qu'à amortir la sensation du baiser. Il ne remarqua même pas que Dona Severina avait revêtu un châle qui lui recouvrait les bras. Il s'en aperçut le lundi, ainsi que le mardi, et ce jusqu'au samedi où l'avocat fit prévenir son père qu'il ne pouvait pas le garder. Et Borges lui dit la chose sans paraître fâché, puisque même, au moment de prendre congé, il alla jusqu'à ajouter :

— Et si tu as besoin de quoique ce soit, n'hésite pas à t'adresser à moi.

— Oui, Monsieur. Madame Severina...

— Elle a dû garder la chambre, à cause d'une forte migraine. Reviens demain ou plus tard lui dire au revoir.

Inácio sortit sans rien comprendre. Sans rien comprendre à son renvoi, non plus qu'à l'entier changement d'attitude de Dona Severina à son égard et au châle, sans rien comprendre à rien. Il était si bien ! Elle lui manifestait en parlant une telle amitié ! Comment se pouvait-il que, soudainement... Il s'interrogea tant et si bien qu'il finit par supposer quelque impair de sa part, un regard indiscret, une distraction qui l'auraient offensée ; ce n'était sûrement pas autre chose. D'où son visage fermé, et le châle recouvrant ses si beaux bras !... Qu'importe ! Avec lui il emportait la saveur de son rêve. Et jamais à travers les années, vivant d'autres amours plus effectives et prolongées, jamais il ne retrouva une sensation égale à celle de ce dimanche, à Lapa, l'année de ses quinze ans. Parfois pour lui-même, sans savoir qu'il se trompait, il s'exclamait :

— Et dire que ce ne fut qu'un rêve ! Un simple rêve !

Le miroir

Ebauche d'une nouvelle théorie de l'âme humaine

Tard, un soir, quatre ou cinq gentilhommes débattaient diverses questions attenant aux sphères les plus hautes, sans que la disparité de leurs opinions entamât en rien le point de vue de chacun. La maison était sise sur les hauteurs de Santa Teresa, et la pièce, de petite dimension, était éclairée par des bougies dont la lueur se mariait mystérieusement avec la clarté dispensée du dehors par la lune. Ainsi, suspendus entre la ville et son agitation, ses aventures, et le ciel où les étoiles clignotaient à travers une atmosphère limpide et sereine, nos quatre ou cinq investigateurs de la chose métaphysique s'occupaient-ils à résoudre avec aménité les problèmes les plus ardus de l'univers.

Pourquoi ce chiffre de quatre ou cinq ? Ceux qui parlaient n'étaient en toute rigueur, qu'au nombre de quatre ; mais il y avait également dans la pièce un cinquième personnage, silencieux, pensif, à demi ensommeillé, et dont toute la contribution se bornait par intervalles à un grognement d'approbation. C'était un rentier, originaire de province, du même âge approximativement, entre quarante et cinquante ans, que ses compagnons, un homme intelligent, non dépourvu d'instruction, et d'esprit, semble-t-il, astucieux et caustique. Il ne prenait jamais part aux discussions ; il justifiait son abstentionnisme par un paradoxe, arguant que débats et discussions sont une résurgence, policée, de l'instinct guerrier, une sorte d'héritage bestial ; et il ajoutait que les séraphins et les chérubins qui représentent, on le sait, la perfection éternelle et spirituelle, ignorent la discussion. Cette nuit-là, comme une fois de plus il se retranchait derrière son habituelle argumentation, l'un des participants le mit au défi de démontrer — il en était bien incapable — ce qu'il disait. Jacobina (c'était son nom) prit un temps de réflexion avant de répondre :

— Tout bien pesé, peut-être avez-vous raison.

Mais voici que ce taciturne notoire, guère beaucoup plus tard, vers le milieu de la nuit, s'empara de la parole, et ce, non pas pour quelques minutes, mais bien pendant une bonne demi-heure. La conversation, dans ses méandres, vint à tomber sur la nature de l'âme, point sur lequel les quatre amis divergèrent radicalement. Autant d'esprits, autant d'avis ; non seulement la concertation, mais jusqu'à la discussion elle-même s'avérèrent laborieuses, pour ne pas dire impossibles, vu la multiplicité des questions découlant de la première, et peut-être aussi à cause, pour une petite part, de l'inconsistance des opinions. L'un des argumentateurs demanda à Jacobina s'il avait une conviction — ou tout au moins quelque proposition à leur soumettre — Ni conviction, ni présomption, rétorqua Jacobina. L'une comme l'autre pourraient prêter à dissension et, comme vous savez, je refuse la discussion. Mais si vous voulez bien m'entendre en vous abstenant de commenter, je puis vous raconter un épisode de mon existence qui fait la plus claire des démonstrations concernant la matière dont vous traitez. En premier lieu, il n'y a pas qu'une seule âme, mais deux...

— Deux âmes ?

— Pour le moins deux. Chaque créature humaine abrite deux âmes, qui regardent l'une du dedans vers le dehors, l'autre du dehors vers le dedans... Etonnez-vous tout votre soûl ; haussez les épaules ; restez-en bouche bée, ou tout ce que vous voudrez, je n'admets pas la réplique. Quoique vous m'objectiez, je termine mon cigare et vais sur le champ me coucher. L'âme extérieure peut être un esprit, un fluide, un homme ou plusieurs, un objet quelconque, une opération. Il peut se faire par exemple qu'un simple bouton de chemise — et tout autant une polka, un livre, une machine, une paire de bottes, avoir la main aux cartes, un tambour, une cavatine — soit l'âme extérieure d'une personne. Cette seconde âme, il est clair, tout comme la première, a pour office de transmettre la vie. Les deux réunies forment l'homme, lequel est métaphysiquement parlant, une orange. Qui perd l'une des moitiés perd naturellement la moitié de son existence ; la seule perte de l'âme extérieure peut dans certains cas — ils ne sont pas rares — signifier la perte de l'existence entière. Tel le cas par exemple, de Shylock. L'âme extérieure de ce juif était ses ducats. Les perdre, c'était mourir. « Jamais je ne reverrai mon or, dit-il à Tubal ; *c'est un poignard que tu m'enfonces dans le cœur.* » Notez bien cette phrase : pour lui, perdre ses ducats, son âme extérieure, c'était mourir. Maintenant, il convient de savoir que l'âme extérieure peut n'être pas la même tout au long d'une vie.

— Non ?

— Non, monsieur ; elle change de nature et d'état. Je ne fais pas ici allusion à certaines âmes, dévorantes, comme la patrie, dont Camoëns dit qu'elle mène à la mort, ou le pouvoir, qui fut l'âme extérieure d'un César ou d'un Cromwell ; ce sont là des âmes énergiques et exclusives ; il est d'autres âmes, tout aussi énergiques, mais de nature mutable. Il est des hommes, par exemple, dont l'âme extérieure, un hochet ou un petit cheval de bois dans les premières années, est devenue plus tard, supposons, une charge ecclésiastique. Je connais pour ma part une dame — au demeurant, pleine de charme — qui change d'âme extérieure cinq ou six fois l'an. C'est, pendant la saison lyrique, l'opéra ; la saison terminée, cette âme extérieure est remplacée par une autre : un concert, un bal ou Casino, la rue do Ouvidor, Petropolis*.

— Pardon, quelle est cette personne ?

— Cette dame est une alliée du diable, et elle porte le même nom : elle s'appelle Légion... Et des cas semblables, il y en a bien d'autres. J'ai moi-même expérimenté de pareilles mutations. Je n'en dirai rien, car cela nous entraînerait très loin ; je m'en tiendrai à l'épisode que j'ai évoqué. Un épisode qui remonte à mes vingt-cinq ans...

Impatients d'entendre l'histoire annoncée, les quatre compagnons oublièrent leur polémique. Sainte curiosité ! tu es, certes, l'âme de la civilisation, mais tu es aussi le fruit de la concorde, fruit divin et d'une toute autre saveur que la pomme de la mythologie. La petite salle qui, jusqu'il y a peu, résonnait d'aperçus de physique et de métaphysique, est maintenant une mer morte ; tous les regards sont rivés sur Jacobina, qui rectifie la pointe de son cigare, en rassemblant ses souvenirs. Voici comment il entama son récit :

— J'avais vingt-cinq ans, j'étais pauvre, et je venais d'être nommé sous-lieutenant de la garde nationale. Vous ne pouvez imaginer les proportions que prit chez moi l'événement. Ma mère en fut si fière, si heureuse ! Elle m'appelait son sous-lieutenant. Mes cousins, mes oncles, tous démontrèrent une joie sincère et pure. Il y eut bien dans le pays quelques marques de

---

* *Rua do Ouvidor* : dans Rio de Janeiro, rue centrale, toujours animée, à l'époque la plus divertissante, avec les magasins, les boutiques les plus élégantes.

* *Petropolis* : petite cité dans la montagne, au-dessus de Rio de Janeiro ; fraîche et reposante, rendez-vous de la société carioque pendant la canicule. Son renom s'est maintenu depuis les débuts du XIXe et tout au long du XXe. De nombreuses familles y ont encore leur maison de week-end.

dépit ; des pleurs et des grincements de dents, ainsi qu'il est dit dans l'Ecriture ; et pour cette simple raison que, pour ce seul poste, il y avait beaucoup de candidats, et qu'ils furent évincés. Je présume aussi qu'une partie de ce désappointement fut purement gratuit, motivé uniquement par le fait que j'avais été désigné ; je me souviens de certains garçons, dans les meilleurs termes avec moi, et qui de ce jour se mirent à me regarder de travers. Nombre de gens, par contre, se réjouirent de ma nomination ; la preuve en est que la totalité de mon uniforme me fut offerte par des amis. C'est alors qu'une de mes tantes, qui vivait sur une ferme solitaire et retirée à plusieurs lieues de la ville, Dona Marcolina, veuve du Capitaine Peçanha, manifesta le désir de me voir, et elle demanda que je vienne avec mon uniforme. J'y allai à cheval, en compagnie d'un domestique, lequel rentra seul en ville quelques jours plus tard, car la tante Marcolina, à peine eus-je posé le pied sur ses terres, écrivit à ma mère pour dire qu'elle ne me libérerait pas, au plus juste, avant un mois. Et elle m'embrassait, m'appelait elle aussi son sous-lieutenant ! Elle me trouvait fort joli garçon. Comme elle était d'une nature plutôt originale, elle alla même jusqu'à me dire qu'elle enviait la jeune fille qui deviendrait ma femme ; elle ne voyait pas, assurait-elle, dans toute la province, meilleur parti que moi. Et de me donner sans arrêt du sous-lieutenant ; sous-lieutenant par-ci, sous-lieutenant par-là, à toutes les heures du jour et de la nuit. J'avais beau lui demander de continuer à m'appeler Joãozinho, comme avant, elle secouait la tête, protestait que non, que j'étais « Monsieur le sous-lieutenant ». De même un parent, frère de son défunt mari, qui vivait chez elle, ne m'appelait pas autrement. J'étais « Monsieur le sous-lieutenant », et non pas par jeu, mais le plus sérieusement du monde, et jusque devant les esclaves, qui naturellement emboîtèrent le pas. A table, j'avais la meilleure place, j'étais toujours le premier servi. Vous ne pouvez pas vous faire une idée. Si j'ajoute que dans son enthousiasme la tante Marcolina alla jusqu'à faire placer dans ma chambre un miroir en pied, une pièce magnifique et de grande valeur, qui tranchait avec le reste de la maison, où le mobilier était modeste et simple... Elle tenait ce miroir de sa marraine, laquelle l'avait hérité de sa mère qui, elle, l'avait acheté à une dame de la noblesse, arrivée dans le pays en 1808, avec la cour de Dom João VI. Je ne sais trop ce qu'il y avait de vrai dans cette histoire, toujours est-il que c'était la tradition. Le miroir évidemment était très vieux ; mais les dorures, à demi rongées par le temps, étaient encore visibles sur le pourtour du cadre, ainsi que les deux dauphins sculptés aux deux angles supérieurs, et que les garnitures de nacre et autres fioritures travaillées par l'artiste. Le tout très vieux, mais bon...

— Un grand miroir ?

— Très grand. Et, comme je vous l'ai dit, ce fut un geste, de la part de mon hôtesse, d'une extrême délicatesse, car le miroir se trouvait dans la grande salle, et il était la plus belle pièce de la maison... Mais il n'y eut rien à faire pour obtenir qu'elle revienne sur sa décision ; elle m'opposait que l'absence du miroir ne léserait personne — ce n'était de toute façon que pour deux à trois semaines — et que finalement « Monsieur le sous-lieutenant » méritait beaucoup plus. Ce qui est sûr, c'est que tout cet ensemble, marques d'affection, attentions, adulations, opéra en moi une transformation que le sentiment propre à la jeunesse paracheva. Vous me suivez, je pense ?

— Non.

— Le sous-lieutenant élimina l'homme. Les deux natures s'équilibrèrent pendant quelques jours ; mais bientôt l'originelle céda le pas à l'autre. Il ne resta plus en moi qu'une part minime d'humanité. Et progressivement l'âme extérieure, qui était auparavant le soleil, l'air, la campagne, les yeux des jeunes filles, changea alors de nature, elle se mit à devenir les affabilités et les salamalecs dont j'étais l'objet dans cette maison : tout ce qui avait trait à ma nomination, rien qui concernât l'homme. Je me réduisis à cette seule part sociale qui avait à voir avec l'exercice de mon grade ; l'autre se dissipa dans les airs et dans le passé. Cela vous est difficile à croire, non ?

— Cela m'est difficile à comprendre, répondit l'un des auditeurs.

— Vous allez comprendre. Les faits vous rendront plus clairs les sentiments ; tout est dans les faits. La meilleure définition de l'amour ne vaut pas un baiser de la femme aimée ; et si mes souvenirs sont justes, c'est en marchant qu'un philosophe de l'antiquité a démontré le mouvement. Allons aux faits. Vous allez voir comment, au fur et à mesure que la conscience de l'homme s'oblitérait, celle du sous-lieutenant devenait vive et intense. Les douleurs et les joies, si elles n'étaient qu'humaines, ne suscitaient de ma part qu'une compassion apathique ou un sourire condescendant. J'étais, au bout de trois semaines, totalement autre, un autre. Je n'étais plus que sous-lieutenant. Sur ces entrefaites, Dona Marcolina reçut une nouvelle grave ; l'une de ses filles, mariée à un agriculteur résidant à quelques cinq lieues de là, était au plus mal, à l'article de la mort. Adieu neveu ! Adieu sous-lieutenant ! La tante Marcolina était mère à l'extrême, aussitôt elle organisa son départ, elle demanda à son beau-frère de l'accompagner, et à moi de prendre soin de la ferme. Je crois que, n'eut été son chagrin, elle aurait décidé le contraire, laissé là son beau-frère et voyagé avec moi. Mais le fait est que je demeurai seul en compagnie des quelques esclaves de la maison. Je vous avoue que j'éprouvai très vite une forte oppression, quelque chose comme si les quatre murs d'une prison s'étaient subitement dressés autour de moi. C'était l'âme extérieure qui rapetissait ; elle était maintenant réduite aux dimensions de l'esprit rustre de quelques esclaves noirs. Le sous-lieutenant continuait à dominer en moi, encore qu'avec une vitalité moins intense, une conscience affaiblie. A leurs marques de politesse les esclaves joignaient une note d'humilité, qui compensait d'une certaine manière l'affection de la tante et de l'oncle, et l'intimité domestique interrompue. Je remarquai même, ce premier soir, qu'ils redoublaient de respect, d'entrain, de démonstrations. Not' sous-lieutenant, minute après minute. Not' sous-lieutenant est si bien de sa personne ; not' sous-lieutenant va sûrement devenir colonel ; not' sous-lieutenant, c'est sûr, va épouser une jolie demoiselle, fille d'un général ; un concert de louanges et de prédictions, qui me laissa ravi, extasié. Ah, les perfides ! Comment deviner le secret dessein, des scélérats !

— Vous tuer ?

— Si seulement !

— Pis que cela ?

— Ecoutez la suite. Je me retrouvai le lendemain matin absolument seul. Les coquins, ou de leur propre gré, ou entraînés par d'autres, avaient fomenté de s'enfuir pendant la nuit ; et ils l'avaient fait. Je me retrouvai seul, sans plus une âme, seul entre quatre murs, face à l'aire désertée, aux champs abandonnés. Je visitai la maison de fond en comble, les habitations des esclaves, tout le domaine, rien, personne, pas l'ombre d'un gamin, rien, en dehors des coqs et des poules, d'une paire de mules qui philosophaient en chassant les mouches, et de trois bœufs. Les esclaves avaient même emmené les chiens. Plus un être humain. Cela vous semble préférable à la mort ? C'était pire. Et non pas à cause de la peur ; je puis vous jurer que je n'avais pas peur ; j'étais plutôt du genre un peu crâneur, de sorte que je n'éprouvai rien pendant les premières heures, à part un peu de tristesse à la pensée du tort causé à ma tante, et une certaine perplexité, ne sachant trop si je devais la rejoindre pour l'avertir de la triste nouvelle, ou rester pour garder la maison. J'optai pour la seconde solution, réfléchissant que si vraiment ma cousine était si mal, je ne pourrais qu'ajouter à l'affliction de sa mère, sans aucunement la soulager, et ne voulant pas laisser la maison à l'abandon, finalement je me dis que le frère de l'oncle Peçanha ne pouvait que revenir ce même jour ou le lendemain, puisqu'il était parti depuis déjà trente-six heures ; mais la matinée s'écoula sans un signe de lui ; et dans l'après-midi je commençai à éprouver comme la sensation d'un homme privé de tout influx nerveux, et n'ayant plus conscience de son tonus musculaire. Le frère de l'oncle Peçanha ne réapparut pas ce jour-là, ni le lendemain, et pas davantage de toute la semaine. Jamais les jours ne me semblèrent plus longs, jamais le soleil n'embrasa la terre avec une obstination plus harassante. Les heures, à la vieille horloge dans la grande salle, battaient les siècles, et le balancier, *tic-tac, tic-tac*, me transperçait l'âme intérieure, telle la chiquenaude ininterrompue de l'éternité. Lorsque, des années plus tard, lisant une poésie américaine, je tombai sur ce vers rebattu, de Longfellow je crois : *Never, for ever! – For ever, never!*, me ressouvenant de ces sinistres journées, je frissonnai, je vous l'avoue, de la tête aux pieds. C'était exactement ce que scandait l'horloge de la tante Marcolina : – *Never, for ever! – For ever!* Ce n'était pas le *tic-tac* d'un pendule, c'était un dialogue d'abîmes, un murmure du néant. Cela vous laisse à penser mes nuits. Non que les nuits fussent plus silencieuses. Le silence était le même que pendant le jour. Mais la nuit c'était les ténèbres, c'était une solitude encore plus étroite ou plus vaste. Plus personne dans les chambres, les couloirs, sur l'aire devant la maison, *tic-tac, tic-tac*, plus une âme qui vive nulle part... Vous riez ?

— Oui, car il semble bien que vous aviez un peu peur.

— Oh ! c'eut été bon si j'avais pu avoir peur ! C'eut été me sentir vivre ! Mais la particularité de la situation c'est que même avoir peur, de cette peur, je veux dire, telle qu'on l'entend communément, ne m'était pas possible. J'étais la proie d'une sensation inexplicable. Tel un défunt demeuré en ce monde, un somnambule, une poupée mécanique. Une fois endormi, c'était autre chose. Le sommeil m'apportait un soulagement, non en vertu de l'adage qu'il est frère de la mort, mais en raison d'un autre phénomène que je peux, je crois, expliquer de la sorte : le sommeil, parce qu'il éliminait la nécessité d'une âme extérieure, laissait à l'âme intérieure le loisir de se manifester. Dans mes rêves, je revêtais mon uniforme, tout imbu de moi-même, au milieu des miens et de mes amis, qui me complimentaient, invoquaient mon titre ; un ami arrivait qui me promettait le grade de lieutenant ; et un autre celui de capitaine ou de major ; et tout cela me faisait vivre. Mais lorsque je m'éveillais, le soleil déjà haut, en même temps que le sommeil, la conscience de ce nouvel être, incomparable, s'évanouissait, — parce que l'âme intérieure perdait sa primauté, elle redevenait dépendante de l'autre, qui s'entêtait à ne pas revenir... Qui ne revenait pas. Je sortais, me précipitais de côté et d'autre, impatient de voir si je découvrirais quelque signe d'un retour. *Anne, ma sœur Anne, ne vois-tu rien venir ?* Et rien, rien à l'horizon ; tout comme dans la légende française. Rien d'autre que la poussière et les herbages à flanc de colline. Je revenais à la maison, au désespoir, les nerfs à vif, allais m'étendre sur le canapé, dans la grande salle. *Tic-tac, tic-tac*. Je me relevais, faisais les cent pas, tambourinais aux fenêtres, sur les vitres, je sifflais. Je me souviens avoir, à un moment, pensé écrire quelque chose, un article politique, un roman, une ode ; je ne sus finalement que choisir ; je couchais quelques mots et phrases, sans suite, sur le papier, pour solliciter mon style. Mais le style, tout comme la tante Marcolina, se faisait prier. *Anne, ma sœur Anne...* Rien ne venait. Au mieux, je voyais l'encre noircir et le papier blanchir.

— Vous ne mangiez pas ?

— Je mangeais mal, des farines, des fruits, des conserves,

quelques racines que je faisais griller, mais tout cela, je l'aurais supporté allègrement, n'eût été la situation morale éprouvante dans laquelle je me trouvais. Je me récitais des vers, des séquences latines, des fragments de discours, des huitains de Camoëns ou des dizains, une anthologie en trente volumes. De temps à autre j'ébauchais quelques mouvements de gymnastique, ou je me faisais des pinçons aux jambes ; mais tout l'effet obtenu ne passait pas une sensation purement physique de douleur ou de fatigue, rien de plus. Tout était silence, un silence colossal, immense, infini, seulement souligné par le *tic-tac* de l'horloge. *Tic-tac, tic-tac...*

— De quoi rendre fou, en effet.

— Vous allez entendre pire. Je dois préciser que pas une fois, depuis que j'étais resté seul, je n'avais regardé dans le miroir. Ce n'était pas une abstention délibérée, je n'y avais à cela aucune raison ; c'était une impulsion inconsciente, la crainte de me retrouver un et deux en même temps, dans cette maison solitaire ; et si telle est la bonne explication, rien ne prouve mieux la contradiction humaine, puisqu'au bout de huit jours la bizarrerie me prit de regarder dans le miroir dans le dessein, justement, de me voir deux. Je regardai et je reculai. La glace elle-même était donc de connivence avec le reste de l'univers ? elle me renvoya une silhouette non pas nette et entière, mais vague, diffuse, estompée, l'ombre d'une ombre. La prégnance des lois physiques ne permet pas de nier que le miroir me reproduisit textuellement ; il ne pouvait en être autrement. Mais telle ne fut pas mon impression. De sorte que je pris peur ; j'attribuai le phénomène à l'excitation nerveuse dans laquelle je me trouvais ; et je m'effrayai à l'idée de rester plus longtemps et de devenir fou. — Je m'en vais, me dis-je. Et je levai le bras dans un geste d'humeur et de décision à la fois, en regardant dans la glace : le geste était là, mais fragmenté, mutilé, diffracté... Alors je commençai à m'habiller, en marmonnant entre mes dents, en toussant sans toux et en secouant mes vêtements avec un maximum de bruit, et en m'en prenant à froid contre les boutons, pour dire quelque chose. Par instants, je glissais un regard furtif dans le miroir ; l'image était la même, même éparpillement des lignes, même confusion des contours... Je continuai à m'habiller. Tout à coup, par une inspiration inexplicable, une impulsion venue je ne sais d'où, je me souvins... Si vous êtes capables de deviner quelle idée fut la mienne...

— Dites.

— Je regardais dans le miroir, avec l'insistance d'un désespéré, contemplant mes propres traits dissous, inachevés, un nuage de lignes éparses, informes, lorsque l'idée me vint... Non, non, vous ne devinerez pas.

— Mais dites, dites-nous.

— Je me souvins de revêtir mon uniforme de sous-lieutenant. Ce que je fis, en m'équipant de pied en cap ; et comme je me trouvais devant le miroir, je levais les yeux et... non, je ne puis vous dire ! la glace reproduisit alors ma silhouette entière ; pas une ligne en moins, pas un contour changé ; j'étais moi-même : le sous-lieutenant, son âme extérieure enfin retrouvée. Cette âme en allée avec la maîtresse des lieux, enfuie et dispersée en même temps que les esclaves, était là recueillie, reconstituée dans le miroir. Imaginez un homme qui, petit à petit, émerge d'une léthargie, qui ouvre les yeux sans voir, puis commence à voir, à faire la distinction entre les personnes et les objets, sans encore reconnaître chacun ; et qui enfin sait : celui-ci est Jean, et celui-là Pierre ; ici c'est une chaise, là un sofa. Tout redevient tel qu'avant le sommeil. C'est ce qui m'arriva. Je regardais dans le miroir, j'allais d'un côté, de l'autre, je reculais, gesticulais, je souriais, et la glace exprimait tout. A partir de là, je devins autre. Chaque jour, à une heure précise, je revêtais mon uniforme de sous-lieutenant et allais m'asseoir devant le miroir, à lire, à regarder, à méditer ; au bout de deux ou trois heures, de nouveau je me déshabillais. Grâce à ce régime je pus traverser six derniers jours de solitude, sans les sentir...

Lorsque les quatre autres gentilhommes reprirent leurs esprits, le narrateur avait descendu les escaliers.

Une étrange coïncidence

— Il existe d'étranges coïncidences. Vous voyez cette dame devant l'église de la Croix ? Elle s'est arrêtée sur le parvis pour donner une aumône à un pauvre.

— Une dame en noir ?

— C'est cela ; elle entre maintenant dans l'église ; voilà, elle est entrée.

— Stoppez-là, mon cher. Votre regard dit assez que la dame a à voir avec une autre époque de votre vie, une époque qui ne doit pas être si lointaine, à en juger par sa silhouette : C'est une femme superbe !

— Elle doit avoir dans les quarante-six ans.

— Ah ! Elle ne les fait pas. Dites-moi tout ; cessez de contempler vos pieds, et racontez. Elle est veuve, bien entendu ?

— Non.

— Bon ; le mari est encore là. Un homme âgé ?

— Elle n'est pas mariée.

— Célibataire, donc ?

— Si vous voulez. Elle doit s'appeler désormais Maria de je ne sais trop quoi. En 1860, elle fleurissait sous le nom familier de Marocas. Ne lui cherchez aucune espèce de profession ; pas plus maîtresse d'école que couturière, rentière encore moins, et vous serez tombé juste. Elle avait déjà ce physique remarquable, et elle était encore plus belle évidemment ; de mœurs irréprochables, avec un langage châtié. Dans la rue, bien que vêtue avec une extrême réserve, sans la moindre recherche et très modestement, elle retenait bien des regards.

— Le vôtre, par exemple.

— Le mien, non, mais celui d'un de mes amis, un dénommé Andrade, âgé à l'époque de vingt-six ans, et qui, né dans l'*Alagoas* et marié à Bahia, était venu, moitié en tant qu'homme politique, moitié en tant qu'avocat, s'établir à Rio de Janeiro en 1869. Sa femme était une charmante créature, tendre et résignée ; ils étaient, lorsque je fis leur connaissance, les heureux parents d'une fillette de deux ans.

— Et toutefois la Marocas ?

— Eh oui, elle l'envoûta. Ecoutez, si vous avez un moment, j'ai une histoire à raconter, qui vous intéressera.

— Allez-y.

— La première fois qu'il la rencontra, ce fut au *Rocio*, devant le magasin de Paulo Brito. Il était sur le seuil, lorsqu'il vit venir au loin une très jolie femme ; et il attendit, aussitôt en émoi, car il avait un goût extrême pour les femmes. Marocas approchait, en s'arrêtant de temps en temps et en regardant, comme si elle cherchait une maison. Arrivée à la hauteur du magasin, elle s'arrêta un instant ; puis, honteuse et comme effrayée, elle tendit un morceau de papier à Andrade, en lui demandant s'il pouvait lui indiquer la maison correspondant à l'adresse qui y était inscrite. Andrade lui dit que c'était de l'autre côté du *Rocio*, et lui indiqua l'emplacement probable de la maison. Elle remercia avec beaucoup de grâce, et le laissa, perplexe et ne sachant comment interpréter la demande qu'elle lui avait faite.

— Tout comme moi.

— Rien de plus simple : Marocas ne savait pas lire. C'est bien la dernière explication à laquelle il aurait pensé. Il la vit traverser le *Rocio* qui, à l'époque, n'avait ni jardins ni statues, et se diriger vers l'adresse qu'elle cherchait, non sans s'informer à nouveau auprès d'autres personnes. Le même soir, il se rendit au Gymnase. On donnait *La Dame aux camelias.* Marocas assistait également à la représentation, et au dernier acte elle pleura comme une enfant. Je vous passe la suite ; au bout de quinze jours, ils s'aimaient à la folie. Marocas congédia tous ses amoureux, j'ai le sentiment qu'elle ne perdit pas peu ; il y avait sur le nombre quelques solides rentiers. Elle demeura seule, absolument seule, ne vivant plus que pour Andrade, sans plus rechercher aucun autre attachement, sans plus aucun autre intérêt dans l'existence.

— Telle la Dame aux camélias.

— Exactement. Andrade lui apprit à lire. Me voilà devenu maître d'école, me dit-il un jour ; et c'est alors qu'il me raconta l'épisode du *Rocio.* Marocas se révéla la plus douée des élèves. Ce qui se comprend : la honte de ne pas savoir, l'envie de connaître les romans dont Andrade l'entretenait, et finalement le désir et l'agrément de se soumettre à l'un de ses souhaits, de lui être agréable... Il ne fit aucun mystère ; il me dit tout avec, dans les yeux, l'éclat d'une gratitude que vous ne pouvez imaginer. Ils étaient tous les deux en confiance avec moi. Nous dînions à trois de temps à autre, et parfois même... pourquoi le cacher —, à quatre. N'allez pas croire à des parties fines ; de joyeux dîners, certes, mais honnêtes. Marocas aimait à s'exprimer, de même qu'elle s'habillait, avec sobriété. Peu à peu une réelle intimité s'établit entre nous ; elle me faisait mille questions au sujet d'Andrade, de sa femme et de leur fille, de ses habitudes, s'il l'aimait vraiment ou si elle n'était qu'un caprice dans son existence, s'il avait eu d'autres liaisons, s'il était un homme à l'oublier, autant de questions, et une terreur de le perdre, qui disaient la force et la sincérité de son attachement. Un jour, pour une fête de la Saint-Jean, Andrade emmena sa famille à Gaveá, où ils devaient assister à un dîner et à un bal. Je les accompagnai. Marocas, au moment du départ, se souvint d'une comédie qu'elle avait vue quelques semaines plus tôt *Je dîne avec ma mère*, au Gymnase, et elle me dit que, n'ayant pas de famille avec laquelle passer les fêtes de la Saint-Jean, elle allait faire comme la Sophie Arnoult de la pièce, et dîner en compagnie d'un portrait ; mais ce ne serait pas celui de sa mère, puisqu'elle n'en avait pas, mais bien celui d'Andrade. Celui-ci allait la remercier d'un baiser, et déjà il se penchait, lorsque, réalisant que j'étais présent, délicatement, d'une pression de la main, elle le repoussa.

— J'apprécie le geste.

— Andrade ne l'apprécia pas moins. Prenant de ses deux mains le visage de Marocas, il lui glissa paternellement un baiser dans les cheveux. Nous partîmes pour Gaveá. Pendant le trajet, il me fit à propos de Marocas les remarques les plus enthousiastes, me raconta leurs dernières fredaines, me parla de son intention de lui acheter une maison dans une proche banlieue, dès qu'il aurait assez d'argent ; il me vanta au passage la discrétion de la jeune femme, qui ne consentait à accepter, venant de lui, que le plus strict nécessaire. Et vous ne savez pas tout, lui dis-je, et je lui livrai un détail que j'avais surpris, et qui datait d'environ trois semaines, Marocas avait fait porter des bijoux en gage pour payer une note de couturière. Ce détail le bouleversa ; je n'en jurerai pas, mais je crois bien que ses yeux se mouillèrent. Toujours est-il qu'après avoir réfléchi un moment, il me dit qu'il allait définitivement, sans attendre, lui installer une maison et la mettre à l'abri du besoin. A Gaveá encore, nous parlâmes de Marocas et, les réjouissances terminées, nous rentrâmes. Andrade déposa sa femme et sa fille dans leur résidence, à Lapa, et poursuivit jusqu'à son bureau, pour expédier quelques affaires urgentes. Peu après douze heures, il vit arriver un certain Léandro, ex-employé d'un avocat de ses connaissances, et qui passait, selon son habitude, lui emprunter deux ou trois mille reis. L'homme était un bon à rien, un vil individu. Andrade lui donna trois mille reis, et le voyant d'humeur exceptionnellement gaie, il lui demanda s'il avait vu un oiseau de bon augure. Léandro eut une œillade explicite, et se passa la langue sur les lèvres. Andrade, qui prisait fort les anecdoctes érotiques, voulut savoir s'il s'agissait de quelque bonne fortune. L'autre tourna sa langue dans sa bouche, et confessa que oui.

— Regardez, la voilà qui sort ; c'est bien elle ?

— C'est elle ; mais ne restons pas ainsi en vue.

— Réellement, elle a dû être ravissante. On dirait une duchesse.

— Elle n'a pas regardé de notre côté ; elle ne regarde jamais autour d'elle. Elle va prendre par la rue *do Ouvidor*...

— Tout juste. J'avoue que je comprends votre Andrade.

— Revenons à l'affaire. Léandro reconnut qu'il avait, la veille au soir, bénéficié d'une rare fortune, une fortune unique, à laquelle jamais il n'aurait osé prétendre, et que bien certainement il ne méritait pas, car il se connaissait et n'était guère qu'un pauvre diable. Mais, enfin... les pauvres aussi sont fils de Dieu... Ce qui est sûr c'est que la veille, vers les dix heures du soir, il avait rencontré au *Rocio* une dame vêtue avec une extrême simplicité, mais d'une allure remarquable, et toute enveloppée dans un grand châle. La dame arrivait derrière lui, en marchant plus vite ; en le dépassant, presque à le frôler, elle l'avait regardé, droit dans les yeux, et ralenti l'allure, comme si elle attendait. Le pauvre diable crut tout d'abord à une erreur sur la personne ; il avait vu tout de suite, confessa-t-il à Andrade, qu'en dépit de sa modeste vêture, ce n'était pas un morceau pour son palais. Il poursuivit son chemin ; la femme, arrêtée, le regarda de nouveau avec une telle insistance qu'il osa risquer un petit signe de connivence ; elle osa le reste... Ah ! quel ange ! et la belle maison ! le beau salon ! Un mets de choix ! Et même pas intéressée... « Si vous m'en croyez, compléta Léandro, c'est exactement ce qu'il vous faut. » Andrade secoua la tête ; la galanterie ne lui disait rien. Mais l'autre s'entêta ; on trouvait la belle rue *do Sacramento*, numéro tant...

— Non, ne me dites pas...

— Vous imaginez la réaction d'Andrade. Ce qu'il ressentit, ce qu'il fit dans les premières minutes, ce qui put lui passer par la tête, le malheureux lui-même n'en sut rien. Enfin il trouva la force de demander si Léandro disait bien la vérité ; mais quelle raison, avança l'autre, d'inventer de toutes pièces une pareille histoire ? Toutefois, frappé par le trouble d'Andrade, il lui demanda le secret, en ajoutant que, pour sa part, il était la discrétion même. Il semble qu'il allait s'en aller, lorsque Andrade le retint et lui fit une proposition : est-ce qu'une affaire de vingt mille reis l'intéressait ? — « Tope-là ! » — « Je vous donne vingt mille reis à la condition que vous m'accompagniez chez cette personne et que vous confirmiez en sa présence que c'est d'elle qu'il s'agit. »

— Oh !

— Je ne défends pas Andrade ; l'initiative ne lui fait pas honneur ; mais la passion, en pareil cas, aveugle le meilleur des hommes. Andrade était digne, il était sincère, généreux ; mais le coup avait été si violent, et il l'aimait tellement qu'il ne sut reculer devant pareille vengeance.

— Et l'autre accepta ?

— Il hésita un peu, par peur, à mon sens, plus que par dignité ; mais vingt mille reis, pensez donc... Il posa une condition : n'être pas impliqué... Marocas était dans le salon lorsque Andrade entra. Elle se précipita à la porte pour l'embrasser ; mais Andrade, d'un geste, l'avertit qu'il n'était pas seul ; puis, tout en l'observant avec la plus grande attention, il fit entrer Léandro. Marocas pâlit. — « C'est cette femme ? » demanda Andrade. — « Oui, Monsieur », murmura Léandro, la voix blanche, tant il est vrai qu'il est des actions plus viles encore que celui qui les commet. Andrade ouvrit son portefeuille avec ostentation, en tira un billet de vingt mille reis et le lui donna ; puis, toujours avec la même affectation, il lui ordonna de les laisser seuls. Léandro s'éclipsa. La scène qui eut lieu ensuite fut brève, mais dramatique. Je n'en sus pas tout, car c'est Andrade qui me la rapporta, et il était tellement hors de lui que bien des choses, naturellement lui échappèrent. Il ne put rien lui faire avouer ; mais elle était plus morte que vive, et lorsqu'après lui avoir dit les choses les plus dures qu'une oreille puisse entendre, il se dirigea vers la porte, elle se traîna à ses pieds ; se suspendit à ses mains, en larmes, au désespoir, et menaçant de se tuer ; il l'abandonna, effondrée sur le palier, se précipita dans un vertige au bas des escaliers, et sortit.

— Un bien misérable individu, il faut l'avouer, et ramassé dans la rue ; sans doute était-ce dans les habitudes de Marocas ?

— Absolument pas.

— Absolument pas ?

— Ecoutez la suite. Le même soir, vers les huit heures, je trouvai Andrade chez moi, qui m'attendait. Il m'avait déjà cherché à trois reprises. Je demeurai estomaqué ; mais comment douter, vu qu'il avait lui-même pris la précaution de faire la preuve et que celle-ci crevait les yeux ? Je vous fais grâce de tout ce que j'eus à entendre, ses plans de vengeance, ses lamentations et récriminations, les insultes à l'égard de Marocas, tout le répertoire, et la rhétorique, qui peuvent avoir cours en ces circonstances. Je lui conseillai de la quitter ; de vivre, enfin, pour son foyer, pour sa fille, sa femme, si bonne, si tendre... Il opinait, puis la colère le reprenait. De la colère il passa au doute, n'hésitant pas à aller jusqu'à imaginer que Marocas pouvait avoir inventé cet artifice, et payé Léandro pour venir lui raconter la chose ; il en voyait pour preuve le fait que ce dernier, sans aucunement tenir compte de son refus, s'était entêté à lui donner et le nom de la rue et le numéro de la maison. Et, cramponné à une invraisemblance aussi colossale, il s'évertuait à fuir la réalité ; mais la réalité revenait, la pâleur de Marocas, la satisfaction non feinte de Léandro disaient assez que l'aventure était bien réelle. Je crois qu'il en arrivait maintenant à regretter de s'être donné de telles preuves. Pour ma part, je retournais la chose dans tous les sens, sans parvenir à lui trouver même un début d'explication. Marocas, si réservée ! de manières si discrètes !

— Il existe une réplique de théâtre qui, peut-être, explique l'aventure, une phrase d'Augier, je crois : « la nostalgie de la fange ».

— Je ne le pense pas ; car écoutez encore. Aux alentours de dix heures, nous vîmes apparaître une domestique de Marocas, une noire affranchie, très attachée à sa maîtresse. Elle était aux cent coups et cherchait Andrade partout, parce que Marocas, après avoir beaucoup pleuré, enfermée dans sa chambre, était sortie sans dîner et n'avait plus reparu depuis. Je retins Andrade, dont le premier mouvement fut de se jeter dehors. La noire nous suppliait par tous les saints du ciel de nous hâter sur les traces de sa maîtresse. « C'est pourtant bien dans ses habitudes de sortir ? » demanda Andrade avec sarcasme. Mais la noire dit que non, ce n'était pas son habitude. « Vous entendez ? », clama Andrade à mon adresse, l'espoir de nouveau s'emparant du cœur de l'infortuné. « Mais hier ?... », dis-je. Hier, oui, répondit la noire, sa maîtresse était sortie ; je n'en demandai pas plus, par compassion pour mon malheureux ami, dont la détresse ne cessait de croître, et dont l'amour-propre se délitait peu à peu devant le danger. Nous sortîmes à la recherche de Marocas, nous allâmes frapper à la porte de toutes les maisons où nous avions quelque chance de la rencontrer, nous nous rendîmes à la police ; mais la nuit passa sans plus de résultat. Au matin, nous retournâmes à la police. Le chef, ou l'un des commissaires, je ne me souviens plus, était un ami d'Andrade, lequel lui fournit tous les éléments de l'affaire dont il pouvait avoir besoin ; sa liaison, du reste, avec Marocas, était connue de tous ses amis. On enquêta partout ; aucun accident, aucune agression n'avaient été signalés pendant la nuit ; aucun passager dans toutes les barques de *Praïa-Grande*, n'était tombé à la mer ; aucune arme, chez les armuriers de la ville, n'avait été vendue, et aucun poison dans les officines. La police mit en œuvre tous les moyens dont elle disposait, et rien. Inutile de vous décrire dans quel état d'égarement et de détresse, le malheureux Andrade vécut ces heures interminables, car la journée entière s'écoula sans autre résultat. Ce n'était pas seulement la douleur de la perdre ; mais le remords également, un doute à tout le moins dans sa conscience, face à l'éventualité d'une catastrophe, qui eût innocenté la jeune femme. Il me demandait à chaque pas s'il n'était pas naturel d'agir ainsi qu'il l'avait fait, si dans le délire de l'indignation, je n'aurais pas, moi aussi, agi de même. Puis il retournait à sa conviction première, en accumulant les preuves de l'affaire avec une ardeur égale à celle qu'il avait mise la veille à tenter de me prouver qu'elle était fausse ; ce qu'il voulait, c'était plier la réalité à son sentiment du moment.

— Mais enfin, on la retrouva cette Marocas ?

— Nous mangions un morceau dans un établissement, lorsqu'on nous communiqua un premier indice : un cocher, la veille au soir, avait transporté une dame du côté du *Jardim Botânico* ; la dame s'était fait déposer dans une hôtellerie, où elle était restée. Nous laissâmes là notre dîner et nous fîmes conduire, dans la même voiture, au *Jardim Botânico*. Le patron de l'hôtellerie confirma les dires du cocher, en ajoutant que la personne en question ne s'était plus montrée, et n'avait rien mangé depuis la veille ; elle avait seulement demandé une tasse de café ; elle paraissait profondément affectée. Nous nous dirigeâmes jusqu'à la chambre ; le propriétaire frappa à la porte ; elle répondit d'une voix faible, et ouvrit. Andrade ne me laissa pas le temps de rien composer ; il me bouscula, et ils tombèrent dans les bras l'un de l'autre. Marocas pleura abondamment, jusqu'à perdre les sens.

— Et tout s'expliqua ?

— En aucune façon. Jamais aucun des deux ne revint sur l'affaire ; ils ne voulurent rien savoir, rescapés d'un naufrage, de la tourmente qui avait manqué les faire sombrer. La réconciliation eut lieu sur le champ. Andrade acheta pour elle une petite maison à *Catumbi* : Marocas lui donna un fils, qui mourut au bout de deux ans. Lorsque Andrade, détaché par le gouvernement, partit en mission pour une province du Nord, leur attachement n'avait pas faibli, avec cette différence que leurs ardeurs premières ne pouvaient avoir gardé la même intensité. Elle n'en voulut pas moins le suivre dans son déplacement ; c'est moi qui l'en dissuadai. Andrade devait revenir assez rapidement, mais, comme je vous l'ai dit, la mort le surprit dans sa province. Marocas ressentit cruellement sa disparition, elle prit le deuil, et se considéra comme veuve ; je sais que les trois premières années, elle entendait toujours la messe pour commémorer le jour anniversaire de sa mort. Je l'ai perdue de vue ces dix dernières années. Que pensez-vous de tout cela ?

— Réellement, il existe en effet d'étranges coïncidences, si du moins vous n'avez pas abusé de ma naïveté de jeune homme pour me tourner quelque romance...

— Je n'ai rien inventé ; c'est la pure vérité.

— Mais justement, Monsieur, c'est tellement singulier. Au

milieu d'une passion si ardente, si sincère... J'en reste à mon explication ; pour moi, ce fut la nostalgie de la fange.

— Non, jamais ; jamais Marocas n'est descendue au niveau d'individus comme ce Léandro.

— Pourquoi alors y être descendue cette nuit-là ?

— C'était, j'imagine, un homme qu'elle croyait séparé par un abîme de toutes les relations qui étaient les siennes ; d'où sa confiance. Mais le hasard, qui est un dieu et le diable en même temps... Enfin, les circonstances !

Une dame

Jamais je ne rencontre cette dame sans que me revienne à l'esprit la prédiction que fit un lézard au poète Henri Heine, tandis qu'il gravissait les Appenins : « Un jour viendra où les pierres seront des plantes et les plantes des animaux, les animaux des hommes et les hommes des dieux. » Et cela me donne envie de lui dire : « Vous aimez tellement la jeunesse et la beauté, Dona Camila, que vous avez retardé votre montre pour voir s'il vous serait possible de fixer ces deux minutes de cristal. Mais ne vous désolez pas, Dona Camila. Au jour dit par le lézard, vous serez Hébé, la déesse de la jeunesse ; et vous nous offrirez à boire le nectar de la pérennité de vos mains éternellement jeunes. »

La première fois que je la vis, elle avait trente-six ans ; elle n'en paraissait pas trente-deux, et considérait n'être pas sortie de la maison des vingt-neuf. Et « maison » est façon de dire. Il n'existe pas château plus ouvert que la demeure de ces amis charmants, ni traitement plus empressé que celui qu'ils réservent à leurs hôtes. Chaque fois que Dona Camila manifestait l'intention de leur fausser compagnie, ils insistaient pour qu'elle reste, et elle restait. Et c'était de nouveau des jeux, des joutes, danses et musiques, un tourbillon de belles choses, inventées à seule fin d'empêcher la dame de suivre son chemin.

— Maman, disait sa fille, de jour en jour plus grande, maman, partons. Nous ne pouvons demeurer ici la vie entière.

Dona Camila la regardait, comme prise en faute ; puis elle souriait, la faisait taire d'un baiser et la renvoyait jouer avec les autres enfants. Mais qu'est-ce à dire, les autres enfants ? Ernestine avait alors entre quatorze et quinze ans. Montée en graine et fort sage, avec des manières comme en ont les femmes, elle avait c'est probable bien autre chose à faire qu'à partager les jeux de fillettes de huit ou neuf ans ; mais du moment qu'elle laissait sa mère en paix, peu importait qu'elle se distraie ou s'ennuie. Mais hélas, hélas ! Il y a une limite à tout, même aux vingt-neuf ans. Dona Camila, enfin, se décida à prendre congé de ses dignes amphytrions, et le fit bourrelée de regrets bien sentis. Ils insistèrent pour qu'elle s'accorde encore cinq ou six mois en prime ; la belle dame répondit que la chose n'était plus possible et, enfourchant le coursier du temps, elle fut s'abriter dans la maison des trente ans.

Et dieu sait qu'elle était pourtant de cette race de femmes qui font la nique au soleil et aux almanachs. Fraiche, un teint de lait, inaltérable, elle laissait aux autres tout le soin de veillir, se contentant pour elle de celui d'exister. Le cheveu noir, l'œil chaud et châtain, elle avait les épaules et le cou faits pour les robes décolletées — de même les bras, dont je me refuse à dire qu'ils étaient ceux de la Vénus de Milo uniquement pour ne pas donner dans les lieux communs, mais très certainement, ils les valaient. Et Dona Camila le savait ; elle se savait jolie, non seulement parce que le regard par en dessous des autres dames le lui disait, mais par un certain instinct que tout comme le talent et le génie, possède la beauté. Il reste à dire qu'elle était mariée, que le mari était roux, que tous les deux s'aimaient comme deux fiancés ; et, pour en terminer, qu'elle était honnête.

Honnête, précisons-le, non par tempérament, mais par principe et parce qu'elle aimait son mari, et aussi, je crois, un peu par orgueil.

Pas un défaut, donc, excepté celui de retarder les ans ; mais est-ce là un défaut ? Certain verset des Ecritures, je ne sais plus à quel endroit, mais dans les Prophètes évidemment, compare les jours aux eaux d'un fleuve qui ne remontent jamais leur cours. Dona Camila voulait dresser une écluse pour son seul usage. Dans la turbulence de ce flot continu entre la naissance et la mort, elle se cramponnait à l'illusion de la stabilité. On ne pouvait exiger d'elle plus que de ne pas se montrer ridicule, et elle ne l'était pas. Le lecteur me dira que la beauté se maintient, qu'elle vit d'elle-même, et que la préoccupation du calendrier chez cette dame démontre qu'elle vivait surtout du regard de l'opinion. C'est vrai ; mais comment voulez-vous que vivent les femmes en ce temps qui est le nôtre ?

Dona Camila entra dans la maison des trente, et le pas qu'elle fit ne lui coûta pas. Sa terreur n'était que superstition. Deux ou trois de ses amies intimes, férues d'arithmétique, continuaient à dire qu'elle avait perdu le compte des années. Elles négligeaient de convenir que la nature en la circonstance se faisait complice de l'erreur, et qu'à quarante sonnés (et réels), Dona Camila promenait un air à peine plus de trente. Ne leur restait qu'un recours : épier le premier cheveu blanc, un petit fil de rien du tout, mais blanc. Elles avaient beau épier : cette démone de chevelure semblait chaque fois plus noire.

Sur ce point, elles se trompaient. Le fil blanc existait ; c'était la fille de Dona Camila qui allait sur ses dix-neuf ans et qui, par dessus le marché, était jolie. Dona Camila prolongea autant qu'elle put les robes d'adolescente de sa fille, elle la garda au collège jusqu'à l'extrême limite, fit tout le possible pour continuer de la présenter comme une enfant. La nature cependant, qui, non contente d'être immorale, est également illogique, tandis que chez l'une elle mettait un frein à la course des ans, chez l'autre accélérait celle-ci, et, jeune fille accomplie, Ernestine, débuta, radieuse, dans le monde. Son premier bal fut une révélation. Dona Camila adorait sa fille ; elle savoura son succès à longs traits. La goutte amère, au fond du verre, lui fit faire la grimace ; mais un beau parleur s'étant empressé de lui dire qu'elle avait l'air de la sœur aînée de sa fille, le projet s'évanouit. C'est à dater de cette nuit que Dona Camila prit le pli de proclamer à tout vent qu'elle s'était mariée à peine sortie de l'enfance.

Un beau jour, peu de temps plus tard, un premier amoureux pointa à l'horizon. Dona Camila avait vaguement songé à cette éventualité, mais sans la regarder en face, ni songer à s'équiper en vue de pareille calamité. Au moment où elle s'y attendait le moins, elle trouva un prétendant à la porte. Elle interrogea sa fille, la découvrit dans un émoi indéfinissable, cette inclination propre aux vingt ans, et en fut accablée. La marier était bien le moindre mal ; mais si les êtres sont comme les eaux des Ecritures qui ne remontent jamais leur cours, c'est parce que derrière eux viennent d'autres êtres, et derrière ceux-ci d'autres encore ; et c'est pour définir ces ondes successives que les humains ont inventé le nom de petits-enfants. Dona Camila se vit avec un premier petit-enfant sur les bras ; elle décida de le faire attendre. Il est clair que, de même qu'elle ne s'était pas formulée le danger, elle ne formula pas pareille résolution. L'âme sait se comprendre elle-même ; une sensation vaut tout un raisonnement. Les sensations de Dona Camila se succédèrent rapides, obscures, au plus intime de son être, d'où elle se garda de les extraire pour n'avoir pas à les considérer.

— Mais qu'est-ce donc que tu lui trouves, à Ribeiro, qui ne va pas ? lui demanda son mari un soir, à la fenêtre.

Dona Camila haussa les épaules.

— Je lui trouve le nez tordu, dit-elle.

— Par le ciel ! s'exclama son mari. Tu es bien nerveuse ; parlons d'autre chose.

Et après avoir regardé du côté de la rue deux ou trois minutes, en chantonnant en sourdine, il revint à Ribeiro qu'il trouvait, quant à lui, un gendre parfaitement acceptable. Son intention, s'il leur demandait la main d'Ernestine, était de la lui céder. Le garçon était intelligent et bien élevé. Il était de plus l'héritier probable d'une tante de *Cantagalo*. Et ensuite il avait un cœur d'or. On rapportait à son sujet de fort jolies choses. A l'Académie, par exemple... Dona Camila écouta la suite en tapotant le sol de la pointe du pied et en tambourinant d'impatience avec ses doigts ; mais quand son mari ajouta que Ribeiro avait toutes les chances d'être envoyé en poste aux Etats-Unis par le ministère des Affaires Etrangères, elle ne put davantage se contenir et le coupa net :

— Quoi ? me séparer de ma fille ? cela non, monsieur.

Quelle part, dans ce cri, attribuer au sentiment maternel, et quelle part à l'amour de soi, c'est là un problème difficile à résoudre, aujourd'hui surtout, à distance des événements et des personnes. Tranchons pour moitié moitié. Ce qui est vrai c'est que le mari ne sut qu'inventer pour se porter à la rescousse du ministre des Affaires Etrangères et plaider les contraintes diplomatiques et celles inhérentes au mariage ; et, qu'à court d'arguments, il s'en fut se coucher. La nomination tomba quarante-huit heures plus tard ; au troisième jour, la jeune fille déclara à son amoureux prétendant qu'il était inutile qu'il fasse sa demande : elle ne voulait pas se séparer des siens. C'était lui dire : je vous préfère ma famille. Elle avait la voix blanche, il est vrai, et tremblante, avec un air de profonde consternation ; mais Ribeiro vit seulement qu'il était congédié, et il s'embarqua. Ainsi prit fin la première aventure.

Dona Camila souffrit de la déception de sa fille ; mais elle se consola vite. Ce ne sont pas les fiancés qui manquent, réfléchit-elle. Et pour la consoler, elle emmena Ernestine partout où elle allait. Toutes les deux étaient ravissantes ; et la jeune fille avait la fraîcheur des ans ; mais la beauté de la mère était plus parfaite et, en dépit des années, surpassait celle de la fille. N'allons point imaginer que c'est un sentiment de supériorité qui conduisait Dona Camila à multiplier ainsi et à prolonger leurs sorties. Non : l'amour maternel à lui seul suffit pour tout expliquer. Mais concédons que son sentiment concernant ses atouts l'animait bien un peu. Et quel mal à cela ? Quel mal à ce qu'un brave colonel défende noblement sa patrie, et ses galons ? Il en faut davantage pour détrôner l'amour de la patrie et l'amour des mères.

Quelques mois plus tard pointa l'oreille d'un second prétendant. C'était cette fois un avocat, veuf et âgé de vingt-sept ans. Ernestine ne ressentit pas la même émotion que pour le premier ; elle se contenta d'accepter. Dona Camila subodora dans l'instant la nouvelle candidature. Elle ne pouvait rien alléguer en sa défaveur ; celui-ci avait le nez droit autant que la conscience, et une aversion profonde à l'égard de la carrière diplomatique. Mais il allait bien se trouver quelque autre défaut, il fallait qu'il s'en trouve. Dona Camila mit toute son âme à en déceler un ; elle s'enquit des relations du jeune homme, de ses habitudes, de son passé. Elle parvint à trouver des petits détails, rien de plus qu'une petite touche d'imperfection humaine, sautes d'humeur, absence de charme intellectuel et, tout à fait à la fin, un amour-propre excessif. C'est sur ce terrain que la belle dame fut le cueillir. Elle s'employa, l'air de ne pas y toucher, à élever un mur de silence ; elle usa pour commencer de pauses plus ou moins longues, de phrases courtes ensuite, puis de monosyllabes, relayées par une écoute résignée, l'air distrait ou absorbé, de la patience dans le regard, et jusque des bâillements dissimulés derrière son éventail. Lui, fut un peu long à comprendre ; mais lorsqu'il eut remarqué que les démonstrations ennuyées de la mère coïncidaient avec les absences de la fille, il estima que c'en était trop, et se retira. D'un naturel plus combatif, il eut aisément franchi l'obstacle ; mais il était orgueilleux, et faible, Dona Camila rendit grâces aux dieux.

Suivit un trimestre de répit. Quelques amoureux d'un soir firent ensuite une apparition, insectes éphémères, qui se succédèrent sans laisser d'histoire. Dona Camila comprit qu'il fallait qu'ils se multiplient, jusqu'à ce que se présente celui, décisif, qui l'obligerait à se rendre ; mais elle n'accepterait en tout cas pour gendre, elle se le répétait, qu'un homme capable de prodiguer à sa fille le bonheur qu'elle avait elle-même reçut de son mari. Elle alla même un jour, soit pour consolider sa décision, soit pour une autre raison, et bien qu'elle se trouvât seule et qu'il n'y ait personne pour l'entendre, jusqu'à formuler cette exigence à voix haute. Ce qui te laisse à penser, psychologue subtile, qu'elle avait à se convaincre elle-même ; mais je préfère raconter ce qui lui advint en 186...

C'était le matin. Dona Camila était à sa toilette, la fenêtre ouverte, la Chácara* verte et bruissante du chant des cigales et des oiseaux. Elle se sentait en entière harmonie avec les éléments extérieurs. Seule la beauté intellectuelle est indépendante et supérieure. La beauté physique est sœur du paysage. Dona Camila savourait cette fraternité intime, secrète, le sentiment d'une identité, la réminiscence d'une vie antérieure dans la même matrice divine. Aucun souvenir désagréable, aucune contingence ne venait troubler cette expansion mystérieuse. Tout au contraire, paraissait lui promettre l'éternité, et les quarante-deux ans qui s'annonçaient ne lui pesaient pas plus que n'eussent fait autant de pétales de roses. Elle regardait tantôt

* *Chácara :* habitation champêtre, proche de la ville.

au-dehors, tantôt vers son miroir. Tout à coup, comme si un cobra venait de lui jaillir sous le nez, elle recula atterrée. Elle avait aperçu, sur sa tempe gauche, un minuscule cheveu blanc. Un moment elle voulut croire que le cheveu appartenait à son mari ; elle dut bien vite reconnaître que non, le cheveu, un télégramme de la vieillesse qui arrivait à marches forcées, était bien à elle. Sa première réaction fut d'abattement. Dona Camila sentit le sol, le ciel lui manquer, elle se vit blanchie, finie en l'espace d'une semaine.

— Maman, maman, cria Ernestine, en entrant dans le boudoir. Voilà la loge que papa nous a obtenue.

Dona Camila eut un sursaut de pudeur et tourna instinctivement vers sa fille le côté de son visage vierge du cheveu blanc. Jamais elle ne devait trouver à Ernestine autant de grâce, autant de légèreté. Elle la contempla, étreinte de nostalgie, étreinte aussi d'envie, et, pour étouffer ce vilain sentiment, elle prit les billets de théâtre. Ils étaient pour le soir même. Une idée en chasse une autre. Dona Camila se vit à l'avance au milieu des lumières et de l'assistance, et vite elle reprit courage. Restée seule, elle revint à son miroir et, courageusement, elle arracha le petit cheveu blanc et le jeta dans la nature. *Out damned spot! Out!* Plus heureuse que l'autre lady Macbeth, elle vit ainsi la tache infâme — car pour elle, la vieillesse n'était que remords et la laideur un crime — se dissoudre dans l'air. Hors d'ici, tache maudite ! Hors d'ici !

Mais si les remords reviennent, pourquoi les cheveux blancs ne reviendraient-ils pas ? Un mois plus tard, Dona Camila découvrit le second, glissé dans la profuse et belle toison noire, et elle le supprima sans piété. Cinq ou six semaines après un troisième. Lequel coïncida avec l'entrée en scène d'un troisième candidat à la main de sa fille, et les jeunes gens surprirent Dona Camila dans un moment d'abattement. La beauté, qui chez elle avait suppléé la jeunesse, paraissait elle aussi, ainsi qu'une colombe s'éloigne sur les traces d'une autre colombe, prête à s'en aller. Les jours précipitaient leur cours. Des enfants qu'elle avait vus portés au bras, ou promenés par une nourrice dans leur landau, dansaient maintenant dans les bals. Les garçons fumaient, les filles chantaient ou s'accompagnaient au piano. Quelques-unes parmi elles lui présentaient leurs *babies*, grassouillets, une seconde génération qui prenait le sein, en attendant d'aller à son tour au bal, et de chanter ou de fumer, ou de présenter d'autres *babies* à d'autres personnes, et ainsi à l'infini.

Dona Camila tergiversa à peine ; elle dut bien se rendre. Mais comme de vieilles habitudes ne se perdent pas en un jour, Dona Camila, parallèlement, vit dans cette fête des cœurs un décor, et un superbe décor. Elle se prépara gaillardement, et le résultat ne fut pas inférieur à l'effort. Dans l'église d'abord, au milieu des autres dames ; dans son salon ensuite, installée sur le sofa (le tissu recouvrant cette pièce du mobilier, ainsi que le papier sur les murs avaient toujours été de couleur sombre pour mieux faire ressortir le teint de Dona Camila) revêtue avec raffinement, sans le lustre, certes, de l'extrême jeunesse, mais sans davantage l'austérité d'une matrone, avec ce subtil équilibre propre à mettre en valeur ses grâces automnales, radieuse enfin, comblée, la toute récente belle-mère recueillit les suffrages les plus exigeants. Rien moins qu'un jeté de pourpre, il est vrai, lui pendait aux épaules.

Qui dit pourpre suppose dynastie ; et avec dynastie s'entend petits-enfants. Il ne manquait plus à cette union que la bénédiction du Seigneur ; elle advint l'année suivante. Dona Camila s'était familiarisée avec cette idée ; mais abdiquer exigeait d'elle un tel effort qu'elle attendait l'enfant avec à la fois amour et répugnance. Cet embryon importun, curieux de la vie et prétentieux, était-il nécessaire au monde ? Evidemment pas ; mais il n'en fit pas moins son apparition un jour, avec les fleurs de septembre. Dona Camila, au moment de l'événement, ne put que penser à sa fille ; une fois passé l'événement, elle pensa à sa fille et à l'enfant. Ce n'est qu'au bout de plusieurs jours qu'elle put penser à elle. Grand-mère ! Finalement ! il n'y avait plus de doute possible, elle était grand-mère : Ni ses traits parfaitement conservés, ni ses cheveux, qui étaient noirs (à l'exception de la demi-douzaine de minces fils soigneusement dissimulés) n'auraient à eux seuls dénoncé la réalité ; mais la réalité existait : finalement, elle était grand-mère.

Elle supputa de prendre sa retraite ; et pour avoir l'enfant plus proche d'elle, elle fit venir sa fille dans sa maison. Mais la maison n'était pas un monastère, et les rues et les gazettes, avec leurs mille rumeurs, réveillaient en elle un écho d'autres temps. Dona Camila déchira l'acte d'abdication et retourna au monde.

Je la rencontrai dans la rue, un jour, accompagnée d'une femme noire qui portait dans ses bras un enfant de cinq ou six mois. D'une main, Dona Camila tenait le petit chapeau de soleil protégeant l'enfant. Huit jours plus tard, je la rencontrai à nouveau, avec le même enfant, la même femme noire, et le même chapeau de soleil. Une vingtaine de jours après, puis au bout de trente jours, je la rencontrai encore, qui montait dans un *tram*, toujours accompagnée de l'enfant et de la noire — Tu as pensé à lui donner à boire ? demandait-elle à la femme. Méfie-toi du soleil. Fais attention de ne pas tomber. Ne serre pas trop l'enfant. Il s'est réveillé ? Ne le remue pas. Couvre bien sa petite figure, etc., etc.

C'était l'enfant de sa fille. Elle, cependant, allait si précautionneuse et attentive, si préoccupée de l'enfant, et si régulièrement sans qu'il y ait une autre dame, que tout semblait indiquer qu'elle était la mère, et non la grand-mère ; et bien des gens la prenaient pour la mère. Que tel fût le dessein premier de Dona Camila, je n'en jurerai pas (« Tu ne jureras pas », Mat. V. 34).

Je signale seulement que pas une mère ne se fut montrée aux petits soins envers sa progéniture plus que ne se montrait Dona Camila envers l'enfant ; qu'on lui attribuât un enfant, et non un petit-enfant, était la chose du monde la plus vraisemblable.

La cartomancienne

Hamlet fait à Horacio cette observation qu'il y a dans le ciel et sur terre infiniment plus de choses que n'en peut rêver notre philosophie. C'est ce même raisonnement que tenait la belle Rita au jeune Camilo, un vendredi de novembre 1869, tandis que celui-ci se moquait parce qu'elle était allée la veille consulter une cartomancienne ; la différence est qu'elle le faisait dans un autre langage.

— Ris, allez ris ! C'est bien d'un homme, vous ne croyez à rien ! Sache, oui, que j'y suis allée, et qu'elle a deviné la raison de la consultation avant même que je lui dise ce qui m'amenait. A peine avait-elle commencé à battre les cartes, « Vous aimez quelqu'un... » m'a-t-elle dit. J'ai avoué que oui, et elle a continué alors à battre les cartes, elle a disposé le jeu devant elle, et à la fin elle m'a déclaré que je craignais que tu m'oublies, mais que je me trompais.

— Elle s'est trompée, l'interrompit Camilo, en riant.

— Ne dis pas cela, Camilo, si tu savais combien j'ai dû marcher à cause de toi. Je te l'ai dit déjà dit et tu le sais. Ne ris pas, je te prie, ne ris pas de moi.

Camilo lui prit les mains, et la regarda, sérieux, intense,

protestant qu'il la chérissait, que ses frayeurs étaient celles d'un enfant ; si de telles craintes la reprenaient, la meilleure cartomancienne en tout cas, c'était encore lui. Puis il la sermonna, lui représenta quelle imprudence c'était d'aller dans ce genre de maison. Si Vilela venait à l'apprendre... La suite...

— Venait à apprendre quoi ? J'ai fait très attention en arrivant devant la maison.

— Où se trouve-t-elle ?

— Tout près d'ici, dans la rue *da Guarda Velha*. Il ne passait personne quand je suis entrée dans la maison. Rassure-toi, je ne suis pas folle.

— Tu crois à ces choses, vraiment ? demanda Camilo, et son rire le reprit.

C'est alors que, sans savoir qu'elle traduisait Hamlet en langue vulgaire, elle lui dit qu'il y avait bien des choses mystérieuses et véridiques en ce monde. S'il n'y croyait pas, tant pis ; mais le vrai est que la cartomancienne avait tout deviné. Quoi encore ? la preuve, c'est qu'elle était maintenant tout à fait tranquille et satisfaite.

Elle crut qu'il allait ajouter quelque chose, mais il se retint. Il ne voulait pas lui arracher ses illusions. Lui aussi, enfant, et plus tard encore, avait été superstitieux et victime de tout un arsenal de croyances, que sa mère lui avait inculquées et qui avaient disparu vers sa vingtième année. Le jour où il laissa choir toute cette végétation parasite, et qu'il n'était plus resté que le tronc de la religion, comme il avait reçu de sa mère les deux enseignements, il les enveloppa dans le même soupçon, et bientôt dans la même et totale négation. Camilo ne croyait à rien. Pourquoi ? Il n'aurait su le dire, il n'avait aucun argument ; il se contentait de tout nier. Et je m'exprime mal, car nier c'est encore affirmer, lui n'eut pas même formulé son incrédulité ; face au mystère, il se contentait de hausser les épaules, et passait son chemin.

Ils se séparèrent ravis, lui encore plus qu'elle. Rita avait la conviction d'être aimée ; cette conviction, non seulement Camilo l'avait, mais il la voyait trembler, prendre des risques à cause de lui, courir chez les cartomanciennes ; et il avait beau la sermonner, il ne pouvait s'empêcher de se sentir flatté. La maison de leur rendez-vous était située dans l'ancienne rue *dos Barbonos*, où demeurait une payse de Rita. Celle-ci prit par la rue *das Mangueiras* pour descendre en direction de *Botafogo*, où elle habitait ; Camilo descendit par la rue *da Guarda Velha*, en levant les yeux au passage pour voir la maison de la cartomancienne.

Villela, Camilo et Rita, trois noms, une aventure, mais dont nous n'avons encore rien dit. Reprenons par le commencement. Les deux premiers étaient amis d'enfance. Vilela avait embrassé la carrière de magistrat ; Camilo était entré dans la fonction publique, contre la volonté de son père qui eut souhaité le voir médecin ; mais le père était mort, et Camilo avait préféré n'être rien, jusqu'au jour où sa mère réussit à lui faire attribuer un emploi dans l'administration. Dans les débuts de 1869, Vilela revint de sa province, où il avait épousé une femme ravissante et un peu folle ; il abandonna la jurisprudence pour ouvrir à Rio de Janeiro un cabinet d'avocat. Camilo trouva pour lui une maison du côté de Botafogo, où il fut l'accueillir à son arrivée.

— Alors, c'est vous ? l'interrogea Rita en lui tendant la main. Vous n'imaginez pas quel ami vous avez en mon mari ; il ne cessait de me parler de vous.

Camilo et Vilela se dévisagèrent avec tendresse. C'était deux vrais amis. Par la suite, Camilo dut s'avouer que la femme de Vilela ne démentait pas les missives de son époux. Réellement, elle avait les manières vives et gracieuses, l'œil chaud, et la bouche, qu'elle avait fine, un pli interrogateur. Elle était légèrement plus âgée, trente ans, que les deux amis ; Vilela en avait vingt-neuf et Camilo vingt-six. L'allure grave, toutefois, de Vilela le faisait paraître plus âgé que sa femme. Quant à Camilo, tant pour la vie morale que dans la vie pratique, c'était un parfait ingénu. Le poids des années lui faisait défaut, et il lui manquait tout autant ces lunettes de cristal que la nature, parfois prévenante pose dès le berceau, pour suppléer à l'action du temps. Pas un gramme d'expérience, pas la moindre intuition.

Ils devinrent tous les trois inséparables. La convivialité entraîna l'intimité. Peu de temps après la mère de Camilo mourut et le couple à l'occasion de ce désastre révéla des trésors d'amitié. Vilela se chargea de la sépulture, des funérailles et de l'inventaire ; Rita se préoccupa plus spécialement du cœur, et nul n'eut su mieux faire.

Comment, de là, ils en arrivèrent à l'amour, Camilo ne parvint jamais à le débrouiller. La vérité est qu'il adorait passer les heures en sa compagnie ; elle était son infirmière, presque une sœur, sur le plan moral, mais surtout elle était femme et ravissante. *Odor di femina* : voici ce dont à son contact et en sa compagnie il se grisait. Ils lisaient les mêmes livres, allaient ensemble en promenade ou au théâtre. Camilo lui apprit à jouer aux échecs et aux dames, à quoi ils employaient leurs soirées, jouant, elle mal, et lui, pour lui être agréable, un peu moins mal. Ceci pour ce qu'il en est des occupations. Maintenant s'agissant des personnes, les yeux insistants de Rita, qui cherchaient souvent les siens, qui les consultaient avant d'en faire autant envers son mari, ses mains froides, ses comportements insolites, aidèrent à la chose. Un jour, à l'occasion de son anniversaire, il reçut de Vilela en cadeau une canne somptueuse, et de Rita un simple carton avec de vulgaires félicitations au crayon, et c'est alors qu'il put lire dans son propre cœur. Il ne parvenait à détacher les yeux du petit billet. Quelques simples mots, vulgaire ; mais il est des vulgarités sublimes ou, tout au moins, délectables. La vieille calèche de place où vous vous êtes pour la première fois promené avec la femme aimée, à l'abri tous les deux des regards indiscrets, vaut le char d'Apollon. Tel est l'homme, telles sont les choses qui l'entourent.

Camilo tenta sincèrement de fuir, mais déjà il ne le pouvait plus. Rita, tel un serpent, se lova autour de lui, l'enveloppa sans retour, elle lui fit craquer les os dans un spasme et lui distilla son venin dans la bouche. Il en demeura ahuri, subjugué. Hontes, craintes, remords, désirs, tout cela il l'éprouva, dans la confusion. Mais la bataille fut brève, et la victoire un délire. Adieu scrupules ! La chaussure ne fut pas longue à se faire au pied. Et nos deux tourtereaux prirent la route, bras dessus bras dessous, foulant allègrement les herbes et les cailloux, sans éprouver mieux que des accès de vague à l'âme lorsqu'ils étaient absents l'un de l'autre. La confiance et l'estime de Vilela se maintenaient, pareilles à elles-mêmes.

Un jour, pourtant, Camilo reçut une lettre anonyme, qui le traitait d'homme perfide et immoral, et précisait que la ville entière était au courant de l'idylle. Camilo prit peur et pour écarter les soupçons commença à espacer ses visites au domicile de Vilela. Celui-ci lui ayant signalé ce manque soudain d'assiduité, il invoqua un fol et frivole engouement de jeune homme. L'innocence engendra la ruse. Les absences se prolongèrent, et les visites cessèrent totalement. Y aida peut-être l'arrière-pensée d'échapper ainsi aux bontés du mari, et le souci de rendre la traîtrise moins violente.

C'est vers cette époque que Rita, méfiante et préoccupée, courut chez la cartomancienne pour entendre le véritable motif de l'attitude de Camilo. Nous avons vu que la cartomancienne lui rendit confiance, et que le jeune homme la gourmanda pour avoir fait ce qu'elle avait fait. Quelques semaines passèrent. Camilo reçut encore deux ou trois lettres anonymes, si passionnelles qu'elles ne pouvaient qu'être dictées non par la vertu, mais par le dépit de quelque prétendant ; tel fut le sentiment de Rita, laquelle, en termes maladroits, proféra cet adage : — la vertu est paresseuse et avare, elle ne dépenserait ni papier ni temps ; l'intérêt seul rend entreprenant et prodigue.

Mais Camilo ne se rasséréna pas pour autant ; il s'effrayait à l'idée que l'auteur anonyme puisse aller droit à Vilela, et la catastrophe serait alors sans remède. Rita fut elle aussi d'avis que la chose pouvait se produire.

— Bon, dit-elle ; j'emporte les enveloppes pour comparer les écritures au cas où il arriverait des lettres à la maison ; si j'en remarque une semblable, je la mets de côté et je la déchire...

Il n'arriva aucune lettre. Mais à quelque temps de là, Vilela commença à se montrer sombre, taciturne, comme s'il se méfiait. Rita s'empressa de rapporter la chose à Camilo, et tous les deux délibérèrent de la conduite à adopter. Rita était d'avis que Camilo reprenne ses visites, et sonde le mari ; peut-être Vilela lui ferait-il confidence de quelque affaire ou préoccupation particulière. Le jeune homme n'était pas d'accord : réapparaître ainsi après tant de mois ne ferait que confirmer ses soupçons ou d'éventuelles délations. Mieux valait se montrer prudent et faire certains sacrifices pendant quelques semaines. Ils combinèrent comment, en cas de nécessité, pouvoir correspondre, et se séparèrent en larmes.

Le lendemain, au bureau, ce billet de Vilela arriva pour Camilo : « Viens, viens tout de suite à la maison ; il faut que je te parle au plus vite ». Il était plus de midi, Camilo sortit sur-le-champ ; dans la rue, il se fit la remarque qu'il eut été plus naturel de la part de Vilela de lui demander de passer à son cabinet ; pourquoi à la maison ? Voilà qui laissait supposer un événement sortant de l'ordinaire et, illusion ou réalité, l'écriture sur le billet lui parut tremblée. Il associa la chose aux nouvelles de la veille.

— Viens, viens tout de suite à la maison ; il faut que je te parle au plus vite, répétait-il, les yeux sur le bristol.

L'oreille d'un drame pointa dans son imagination : Rita subjuguée et pleurant, Vilela indigné, prenant la plume et rédigeant le billet, persuadé qu'il accourrait, et l'attendant pour le tuer. Camilo trembla, il avait peur ; puis il rit jaune, reculer lui répugnait et il décida de poursuivre. Sur le chemin, il lui vint à l'idée de passer d'abord chez lui ; un billet de Rita pouvait s'y trouver, qui expliquerait tout. Rien ne l'attendait, ni personne. Une fois dehors, de nouveau il lui parut plus que vraisemblable qu'ils aient été découverts, Rita et lui : rien de plus naturel — et sans doute l'auteur n'était-il autre que la personne qui l'avait tout d'abord menacé — qu'une dénonciation anonyme. Vilela, à la même heure, était probablement au courant de tout. Et l'interruption de ses propres visites, sans raison évidente et sur un prétexte parfaitement futile, ne pouvait qu'avoir confirmé le reste.

Camilo se hâtait, inquiet, nerveux. Il n'avait guère besoin de relire le billet ; il en connaissait chacun des termes par cœur, ils se détachaient, fixes, sous ses yeux ; ou bien — et c'était encore pire — il les entendait, murmurés à son oreille, par la voix même de Vilela : « Viens, viens tout de suite à la maison ; il faut que je te parle au plus vite. » Prononcée de la sorte, par la voix de l'autre, la phrase revêtait un air de menace et de mystère. Viens, viens, pourquoi ? Il allait être une heure de l'après-midi. Son trouble, dû à la commotion, augmentait de minute en minute. Son imagination lui représenta tant et si bien ce qui allait se passer qu'il finit par le croire et le voir. Il se surprit à songer qu'il serait plus prudent de se présenter armé ; il n'avait de toute façon rien à perdre, si rien ne se produisait, et la précaution n'était pas inutile. La seconde d'après, dégoûté de lui-même, il repoussa cette idée et, pressant le pas, continua vers le *Largo da Carioca* pour monter dans un tilbury. Une fois arrivé, il en choisit un, demanda au cocher de l'emmener bon train.

— Plus vite arrivé, mieux ce sera, se dit-il. Je ne peux pas rester dans cet état.

Mais même le trot du cheval aggrava encore son agitation. Le temps volait et il allait devoir sous peu affronter le danger. Presque au bout de la rue *da Guarda Velha*, le tilbury fut obligé de s'arrêter ; la rue était bouchée par une carriole qui s'était renversée. Camilo à part lui se réjouit de l'obstacle, et attendit. Cinq bonnes minutes s'écoulèrent avant qu'il ne se rende compte que la maison sur sa gauche, au pied du tilbury, était celle de la cartomancienne, chez laquelle Rita était allée consulter une fois, et jamais de sa vie il n'eut une aussi forte envie de croire à la leçon des cartes. Il regarda, vit les persiennes fermées, alors que des gens se pressaient à toutes les autres fenêtres, curieux de l'incident survenu dans la rue. On aurait cru la demeure du Destin, indifférent aux aléas du monde.

Camilo se renversa à l'intérieur du tilbury pour ne plus rien voir. Son agitation était extrême, extraordinaire. Des couches enfouies de son intimité émergeaient des fantasmes d'un autre temps, les croyances oubliées, les superstitions de jadis. Le cocher lui proposa de tourner dans la prochaine rue transversale, et de continuer par un autre chemin ; il répondit que non, il préférait attendre. Et il se pencha pour mieux observer la maison... Puis il ébaucha une moue sceptique : lointaine, très lointaine, la pensée d'aller lui aussi consulter la cartomancienne lui traversa l'esprit dans un long battement d'ailes ; elle disparut, réapparut, et puis s'évanouit dans son cerveau ; mais très vite, de nouveau les ailes s'agitèrent en cercles concentriques. Dans la rue, les hommes criaient en redressant la carriole :

— Allons-y, poussez ! Oh hisse ! Oh hisse !...

L'obstacle n'allait plus tarder à être enlevé. Camilo fermait les yeux, s'efforçant de penser à autre chose ; mais la voix du mari continuait, susurrant à ses oreilles la phrase du petit billet : « Viens, viens tout de suite... » Et il voyait les convulsions du drame et tremblait. La maison le regardait. Ses jambes voulaient descendre et entrer... Un long voile opaque descendit sur ses yeux... L'inexplicable de toute chose l'étreignit dans un éclair. La voix de sa mère lui répétait quantité de choses extraordinaires, et la phrase du prince de Danemark résonnait, insistante, au fond de lui : « Il y a plus de choses dans le ciel et sur terre... » Et si..., qu'avait-il à perdre ?

Il se retrouva dans la rue, devant la porte de la maison. Il dit au cocher de l'attendre, enfila le couloir, et monta l'escalier. La lumière était rare, les marches rongées par les pas, la rampe poisseuse, mais il ne sentit, ne vit rien. Il bondit jusqu'à l'étage et frappa. Comme personne ne venait, il pensa redescendre ; mais il était trop tard ; la curiosité le fustigeait, au plus enfoui de lui tout frémissait ; de nouveau il frappa, un, deux, trois coups. Une femme apparut : c'était la cartomancienne. Elle le fit entrer, le précéda, par un escalier encore plus obscur, plus délabré que le précédent, jusqu'au grenier. Tout en haut, il y avait une petite pièce, mal éclairée par une fenêtre donnant par derrière sur les toits. Des murs sombres, de vieux meubles, un air de pauvreté ajoutaient plus qu'ils n'enlevaient à une atmosphère de conjonction.

La cartomancienne le fit asseoir devant la table et elle s'installa du côté opposé, le dos à la fenêtre, de manière que le peu de lumière venant du dehors donne en plein sur le visage de Camilo. Elle ouvrit un tiroir, en tira un jeu de cartes, de grande taille et très sales. Tandis qu'elle les battait, à toute vitesse, elle l'observait, non pas franchement, mais par en dessous. C'était une femme dans la quarantaine, brune et maigre, d'origine italienne, avec de grands yeux perçants et retors. Elle retourna trois cartes sur la table, et lui dit :

— Voyons d'abord ce qui vous amène. Vous êtes en proie à une inquiétude affreuse.

Camilo, émerveillé, fit signe que oui.

— Et vous voudriez savoir, poursuivit la femme, s'il va ou non vous arriver quelque chose...

— Nous arriver, à elle et à moi.

La cartomancienne ne sourit pas. Elle lui dit seulement d'attendre. Reprenant les cartes, elle se mit à les battre de ses longs doigts fins, aux ongles négligés ; elle les battit consciencieusement, divisa le jeu, le reconstitua, une, deux, trois fois, puis elle commença à l'étaler sur la table. Camilo suivait chacun de ses gestes, anxieux, impatient.

— Les cartes me disent...

Camilo s'inclina pour boire ses paroles l'une après l'autre. Elle lui déclara alors qu'il n'avait aucunement à avoir peur. Il ne leur arriverait rien ni à l'un ni à l'autre ; le troisième ignorait tout. Toutefois une prudence accrue s'imposait ; l'envie et le dépit bouillonnaient autour d'eux. Elle lui parla de l'amour qui les unissait, de la beauté de Rita... Camilo était fasciné. Quand elle en eut terminé, la cartomancienne ramassa les cartes, les replaça dans le tiroir.

— Vous m'avez rendu la paix de l'esprit, dit Camilo en tendant la main par dessus la table et en serrant celle de la cartomancienne.

Cette dernière se leva et, riant :

— Va, va, lui dit-elle, ragazzo innamorato.

Et, debout, elle lui tâta le crâne avec son index. Camilo frémit comme touché par la main de la sybille elle-même, et se leva également. La cartomancienne alla à la commode, sur laquelle se trouvait une assiette contenant des raisins secs, elle en prit une grappe, se mit à détacher les grains et à les manger, en montrant deux rangées de dents dont la blancheur jurait avec les ongles. Jusque dans cette occupation des plus communes, la cartomancienne avait un air particulier : Camilo, impatient maintenant de s'en aller, ne savait comment la rétribuer ; il ignorait le tarif.

— Ces raisins, dit-il au bout d'un moment en sortant son portefeuille, coûtent de l'argent. Combien voulez-vous en envoyer chercher ?

— Que ton cœur te le dise, répondit-elle.

Camilo sortit un billet de dix mille reis et les lui donna. Les yeux de la cartomancienne étincelèrent. Le tarif habituel était de deux mille reis.

— Je vois combien vous l'aimez... Et vous faites bien ; elle vous aime beaucoup. Allez, allez tranquille. Attention dans l'escalier, on n'y voit pas beaucoup ; mettez votre chapeau.

La cartomancienne avait déjà glissé le billet dans son sac, et elle descendait avec lui, en parlant avec un léger accent. Sur le palier, Camilo prit congé et descendit l'escalier qui menait à la rue, tandis que la cartomancienne, ravie de l'argent, remontait en chantonnant une barcarolle. Camilo trouva le tilbury qui attendait ; la rue était dégagée. Il monta et l'attelage reprit le trot.

Camilo était soulagé, les choses lui apparaissaient sous un tout autre jour, le ciel était limpide, les visages réjouis. Bientôt il rit de ses angoisses, qu'il traita de puériles ; repensant aux termes du billet de Vilela, il reconnut que le ton en était intime et familier. Où donc pouvait-il avoir ressenti une menace ? La lettre était urgente, et il n'avait déjà, il se le reprocha, que trop tardé. Peut-être s'agissait-il d'une affaire grave, très grave.

— Plus vite, plus vite, répétait-il au cocher, cependant qu'il s'ingéniait à inventer quelque explication pouvant justifier son retard aux yeux de son ami ; il semble même qu'il formât le plan de mettre à profit l'incident pour revenir à l'assiduité d'autrefois... Pêle-mêle avec ce programme, les paroles prononcées par la cartomancienne résonnaient dans son âme. Elle avait vraiment deviné l'objet de sa consultation, ainsi que son état, et jusqu'à l'existence d'une troisième personne — pourquoi douter que, s'agissant du reste, elle n'ait pas également deviné juste ? Le présent, lorsqu'on n'en connaît rien, est pareil à l'avenir. Ainsi, lentes et insitantes, les vieilles croyances du jeune homme remontaient à la surface, et le mystère, l'empoignait de ses ongles de fer. Par moments, une envie de rire le prenait ; et il riait de lui-même, un peu vexé malgré tout ; mais les cartes, la femme et ses dires, économes, affirmatifs, l'exhortation : « Va, va, ragazzo innamorato », tels étaient les événements récents ; et, associés aux anciens, ils l'animaient d'une foi neuve et vivace.

La vérité est que son cœur battait impatient et joyeux, à la pensée des jours heureux de naguère et de ceux qui allaient venir. En passant en haut de *Gloriá*, Camilo regarda du côté du large, et, portant les yeux jusque sur la frontière où le ciel et la mer s'enlacent dans une étreinte sans fin, il eut le pressentiment d'un long, très long, d'un interminable futur.

Peu après il arrivait à la maison de Vilela. Il sauta à terre, poussa la porte du jardin et entra. La maison était silencieuse. Il grimpa les six marches de pierre ; il eut à peine le temps de frapper que la porte s'ouvrit et que Vilela apparut sur le seuil.

— Excuse-moi, je n'ai pas pu venir plus tôt. Que se passe-t-il ?

Vilela ne répondit pas ; il avait le visage décomposé. Précédant Camilo, il l'entraîna vers une petite pièce à l'intérieur. En entrant, Camilo ne put retenir un cri de terreur : tout au fond, sur un canapé, Rita gisait, morte et ensanglantée. Vilela le saisit au collet, et de deux coups de revolver l'étendit mort, sur le sol.

Un homme célèbre

— Ah ! c'est vous ? c'est donc vous le célèbre Pestana, s'exclama Sinházinha Mota*, en faisant un grand geste d'admiration. Puis aussitôt, confuse d'autant de familiarité : Excusez mes façons, mais... c'est vous, vraiment ?

Vexé, excédé, Pestana répondit que oui, oui c'était lui. Il s'éloignait du piano pour s'approcher de la fenêtre, en s'épongeant le crâne avec un mouchoir, lorsque la jeune fille s'était interposée. Ce n'était pas un bal, mais seulement une soirée intime, en tout une vingtaine de personnes, conviées par la veuve Camargo, rue *do Aréal*, le 5 novembre 1875, à l'occasion de son anniversaire... L'agréable et joyeuse veuve ! Qu'elle aimait rire et se divertir, nonobstant les soixante-dix années qu'elle abordait ! Et c'est la dernière fois qu'elle put rire ainsi et se divertir, car elle mourut dans les premiers jours de 1876. Oui, l'agréable et joyeuse veuve ! Avec quel empressement, et

* *Sinházinha :* diminutif de sinhá, nom donné dans les plantations à la jeune maîtresse, à la fille de la maîtresse, par les esclaves. Demeuré en vigueur jusque dans les villes, mais peu à peu tombé en désuétude, à partir de la fin du XIXe, avec l'abolition de l'esclavage, en 1888.

quel entrain, aussitôt le dîner terminé, ne sut-elle pas improviser quelques tours de danse, en demandant à Pestana de leur jouer un quadrille ; elle n'eut pas à formuler en entier sa demande ; Pestana s'inclina gentiment, et il courut au piano. Le quadrille fini, l'assistance avait à peine soufflé quelques minutes, que notre veuve à nouveau recourut en aparté à Pestana.

— Dites, chère Madame.

— Et si maintenant vous nous jouiiez votre polka, *Não bula comigo, nhonhô.*

Pestana fit une grimace, mais la dissimula bien vite ; il s'inclina sans un mot, guère très aimable, et se dirigea sans enthousiasme vers le piano. A peine les premières mesures se furent-elles élevées dans la pièce, qu'une nouvelle allégresse se propagea dans l'assistance ; les cavaliers se précipitèrent vers les dames, et les couples commencèrent à se trémousser au rythme de la polka alors à la mode. A la mode en effet, car publiée il y avait seulement une vingtaine de jours, il n'y avait plus un coin ou recoin dans la ville où elle ne soit connue. Il ne faudrait guère de temps avant que, sifflée ou chantée en sérénade à tous les coins de rue, elle en arrive à la consécration.

Sinházinha Mota était loin de soupçonner que le Pestana qu'elle avait vu à table pendant le dîner, puis s'asseoir ensuite au piano, le cheveu noir, long et bouclé, l'œil attentif et le menton rasé de frais, dans une redingote couleur tabac, était le Pestana compositeur ; c'est une amie qui le lui avait signalé en voyant celui-ci, la polka terminée, quitter le piano. D'où le cri d'admiration qui lui avait échappé. Nous avons vu avec quelle réticence, vexé et ennuyé, Pestana répondit. Mais cela ne freina guère les deux demoiselles dans leurs amabilités, dont la teneur n'eût pu que faire fondre le plus modeste parmi les vaniteux. Pestana subit l'assaut de plus en plus excédé, jusqu'à se décider, prétextant une forte migraine, à prier qu'on veuille bien l'excuser de prendre congé. Pas plus l'hôtesse que les jeunes filles ne parvinrent à le retenir. Les remèdes en usage dans la maison, le repos qu'on lui offrit, rien n'y fit, il s'entêta à vouloir s'en aller, et il s'en alla.

Une fois dans la rue, il s'éloigna rapidement, de peur qu'on le rappelle, et ne ralentit le pas qu'une fois tourné le coin de la rue *Formosa*. Mais, là aussi, sa grande polka de fête l'attendait. Les notes de la composition à la mode s'échappaient d'une maison modeste, soufflées par une clarinette, à peu de distance, sur la droite. L'on dansait. Pestana s'arrêta un moment ; il fut sur le point de rebrousser chemin, mais il se remit en marche, accéléra et traversa, pour continuer du côté opposé à la maison d'où sortait la musique. Les notes se perdirent au loin, petit à petit, et notre homme entra dans la rue *do Aterrado*, où il habitait. Il arrivait devant sa porte, lorsqu'il vit venir deux individus ; en le croisant, presque à le toucher, l'un d'eux se mit à siffler, résolument et avec brio, la même polka ; l'autre entonna en mesure, et tous deux s'éloignèrent vers le bas de la rue, tandis que, désespéré, l'auteur du morceau se précipitait chez lui, à l'abri.

Une fois entré, il fut soulagé. Vieille maison, vieil escalier, et vieux serviteur, un noir, qui vint s'informer si son maître désirait dîner.

— Je n'ai besoin de rien, rugit Pestana. Fais-moi un café, et file te coucher.

Il se déshabilla, enfila un vêtement de nuit, et se dirigea vers la pièce du fond. Lorsque le noir alluma l'éclairage au gaz, Pestana se détendit, il sourit et dans son âme il s'inclina devant les quelques dix portraits qui garnissaient les murs. L'un d'eux seulement était un portrait à l'huile, celui d'un prêtre, prêtre qui l'avait élevé ; c'est lui qui lui avait enseigné le latin et la musique, et les langues qui n'ont pas mieux à faire que de cancaner colportaient qu'il était le père de Pestana. Il est vrai que c'est de lui également que Pestana avait hérité cette vieille maison et les quelques meubles qu'elle contenait, tous, de l'époque de Pedro Ier. C'est lui encore qui, fou de musique sacrée ou profane — il avait composé quelques motets — en avait inculqué le goût à l'enfant ; à moins que celui-ci, s'il faut en croire les ragots, lui ait été transmis par le sang, détail, comme l'on va voir, qui n'intéresse en rien notre histoire.

Les autres portraits étaient ceux de grands compositeurs classiques, Cimarosa, Mozart, Beethoven, Gluck, Schumann et encore trois autres, soit des gravures, soit des lithographies, de différente taille et mal encadrées, mais exposées tels des saints dans une église. Le piano était l'autel ; et l'évangile de la nuit était là, ouvert : une sonate de Beethoven.

Le café arriva ; Pestana en avala une première tasse et s'assit au piano. Il fixa les yeux sur le portrait de Beethoven et se mit à jouer la sonate, sans plus rien savoir de lui-même et du monde, absorbé ou possédé, mais avec une extrême perfection. Il reprit le morceau une seconde fois ; puis il fit une pause, se leva et s'approcha d'une fenêtre. Après quelques minutes, il revint au piano et ce fut cette fois le tour de Mozart, qu'il interpréta de même, l'âme en d'autres contrées. Haydn le mena jusqu'aux alentours de minuit et à une seconde tasse de café.

De minuit à une heure du matin, Pestana ne fit guère beaucoup plus que de se tenir à la fenêtre à regarder les étoiles, ou de rentrer pour contempler les portraits. De temps en temps, il retournait au piano et, debout, plaquait quelques accords sur le clavier, comme s'il cherchait le fil d'une pensée ; mais le fil ne se laissait pas saisir, et il revenait s'accouder à la fenêtre. Les étoiles lui faisaient l'effet d'autant de notes de musique, serties dans le ciel, et attendant qu'une main inspirée vienne les en détacher ; un temps ne pouvait manquer de venir, où le ciel resterait vide, mais la terre alors serait une constellation de partitions. Pas une image ou une réflexion, aucun transport ne lui rappelait la sinházinha Mota, qui pourtant, à la même heure, s'endormait en pensant à lui, le célèbre auteur de tant de ces polkas dont elle raffolait. Qui sait si certaine perspective conjugale ne tira pas un moment la jeune fille de son premier sommeil ? Et quoi là d'étrange ? Elle allait sur ses vingt ans, Pestana, lui, en avait trente, un bon compte. La jeune fille dormait, bercée par la polka qu'elle savait par cœur, tandis que l'auteur, à cent lieues des polkas et des jeunes filles, et tout aux grandes œuvres du passé, interrogeait le ciel et la nuit, suppliant les anges et même le diable, faute d'autre recours. Pourquoi n'écrirait-il pas lui aussi une page, une seule, susceptible de prendre place parmi ces pages immortelles ?

Parfois, comme émanée des profondeurs de l'inconscient, pointait l'amorce d'une idée ; il se précipitait au piano pour la développer, lui donner une traduction sonore, mais en vain, l'idée se dissipait. D'autres fois, assis devant le clavier, il laissait ses doigts errer sur les touches au hasard, pour voir si l'inspiration allait sourdre d'eux spontanément, comme chez Mozart ; mais rien, rien, l'inspiration ne venait pas, l'imagination demeurait assoupie. Et si par bonheur une autre idée, précise et belle, surgissait, elle n'était que l'écho d'un thème emprunté à un autre compositeur, et que sa mémoire reproduisait alors qu'il croyait l'inventer. Alors il se relevait, exaspéré, jurant de renoncer à l'art et d'aller planter du café ou conduire une charrue. Mais il ne s'était pas écoulé dix minutes, que de nouveau, les yeux rivés sur le portrait de Mozart, il était au piano, en train de l'imiter.

Deux heures, puis trois, puis quatre. Passé quatre heures, il alla se coucher ; il était exténué, mort, découragé ; et il devait donner des leçons le lendemain. Il dormit peu ; à sept heures il était réveillé. Il s'habilla, prit son petit déjeuner.

— Monsieur prendra sa canne ou son chapeau de paille ? demanda le noir, ainsi qu'il lui avait recommandé de le faire, telle était la distraction de son maître concernant la météorologie.

— Ma canne.

— Mais je crois que la pluie menace.

— La pluie, répéta Pestana machinalement.

— Je crois, oui, monsieur. Le ciel est bien noir.

Pestana regarda son serviteur, l'œil vague, l'esprit ailleurs. Et abruptement :

— Attends, dit-il.

Et il courut dans la pièce des portraits, ouvrit le piano, et s'assit, ses mains larges ouvertes au-dessus du clavier. Il se mit à jouer un air de son cru, une vraie création bien à lui, toute prête, une polka, une polka endiablée, comme disent les réclames ; ses doigts couraient, égrenant les notes, les faisant chevaucher, les apprivoisant ; on aurait dit que la muse composait et dansait en même temps. Pestana avait oublié ses élèves, il avait oublié le noir qui attendait avec la canne et le parapluie, il avait oublié jusqu'aux portraits qui pendaient gravement aux murs. Il composait, et plus rien d'autre n'existait, jouant et notant tour à tour, sans les vains efforts de la veille, sans exaspération, sans plus supplier Mozart du regard. Grâce et nouveauté, la vie s'écoulait de son âme comme d'une source pérenne.

En un tournemain la polka fut prête. Lorsqu'il revint à l'heure du dîner, il fignola encore quelques détails ; mais déjà, en marchant dans la rue, il la fredonnait. Le sang de la paternité et de la vocation circulait à travers les mesures de sa toute nouvelle composition encore inédite. Pestana la porta deux jours plus tard chez son éditeur attitré, lequel avait déjà publié trente de ses polkas. L'éditeur fut emballé par sa dernière création.

— Elle va faire un succès.

Vint la question du titre. Lorsqu'en 1871 Pestana s'était préoccupé de faire publier sa première polka, il avait tenu à lui donner un titre poétique ; il avait choisi celui-ci, *Gouttes de Soleil*. L'éditeur avait hoché la tête ; un titre, avait-il dit, doit à lui seul être déjà un élément de popularité, soit parce qu'il évoque un succès du moment, soit par la seule grâce des vocables ; et il en avait proposé deux : *La Loi du 28 Septembre*, et *Des Chatteries ne font pas une folie*.

— Mais que veut dire *Des Chatteries ne font pas une folie* ? avait demandé l'auteur.

— Rien du tout, mais cela plaira.

Pestana, damoiseau encore inédit, avait écarté toutes les suggestions et rempoché sa polka ; mais il en eut bientôt composé une seconde, et la démangeaison de la renommée le poussa à consentir à leurs publications, assorties des titres que l'éditeur leur jugea les plus adéquats ou les plus attirants. Ils en restèrent par la suite à cet arrangement.

Lorsque donc Pestana fut remettre sa nouvelle polka et qu'il fut question du titre, l'éditeur l'informa qu'il en avait déjà un en réserve depuis plusieurs jours, pour la première œuvre qu'il lui soumettrait, un titre époustouflant, long et entraînant. Ce titre était : *Prends garde à ton panier, jolie dame*.

— Et j'en sais déjà un autre pour la prochaine, ajouta-t-il.

La polka mise en vente, la première édition fut bientôt épuisée. La renommée du compositeur était déjà une recommandation ; mais l'œuvre à elle seule, un modèle du genre en même temps qu'originale, était une invitation à la danse, et facile à retenir. En huit jours elle fut célèbre. Pestana, au commencement, eut réellement un faible pour sa composition, il aimait à se la fredonner tout bas, dans la rue il s'arrêtait, pour l'écouter jouée dans une maison ou une autre, et il se désolait si on l'écorchait. Très vite, dans les théâtres, les orchestre l'adoptèrent, et il alla assister à une exécution. Cela ne lui déplut pas non plus de l'entendre sifflée par un individu qui descendait la rue *do Aterrado*.

Cette lune de miel ne dura guère plus d'un quart de lune. Comme chaque fois, et encore plus rapidement, les vieux maîtres sur les murs le firent saigner de remords. Humilié, écœuré, Pestana se retourna contre celle qui avait su le consoler si souvent, cette muse à l'œil frippon, aux manières enveloppantes, si gracieuse, facile. Et les nausées, un dégoût à son endroit, la haine envers qui se risquait à lui réclamer sa dernière polka, réapparurent, ainsi que ses tentatives pour atteindre à un ton classique, composer une page quelle qu'elle soit, une seule, mais qui puisse figurer entre Bach et Schumann. Concentration vaine, inutiles efforts : nuits après nuits il s'épuisa, les dilapida comme devant, obstiné et confinant, et persuadé que, tout étant affaire de volonté, du moment qu'il renonçait à la musique facile...

— Au diable les polkas, et qu'elles aillent faire danser le diable, se récria-t-il un matin, à l'aube, en allant se coucher.

Mais les polkas ne l'entendirent pas de cette oreille. Elles se réintroduisaient dans la maison de Pestana, si glissaient jusque dans la pièce des portraits où elles faisaient irruption fin prêtes, de sorte qu'il n'avait que le temps de les composer, puis de les faire éditer, de les chérir l'espace de quelques jours avant de les prendre en grippe, et de s'en retourner à ses mêmes et vieilles sources, d'où continuait à ne lui venir aucune manne. Il vécut cette alternative jusqu'à se marier, puis après son mariage.

— Se marier ? Avec qui ? s'informa Sinházinha Mota auprès de son oncle notaire quand celui-ci lui fit part de la nouvelle.

— Il épouse une veuve.

— Agée ?

— Vingt-sept ans.

— Elle est jolie ?

— Ni jolie, ni laide, quelconque. Il semble qu'il en soit

tombé amoureux pour l'avoir entendue chanter à l'occasion de la fête de St François de Paul. Mais le bruit court également qu'elle possède un autre talent, celui-là beaucoup plus répandu, et qui ne vaut guère : elle est phtisique.

Les notaires feraient mieux de ne pas avoir d'esprit, de mauvais esprit, veux-je dire. Pour la nièce, ce dernier détail fut la goutte d'onguent qui apaisa quelque peu le petit coup de dent que l'envie venait de lui donner. Tout était vrai. Pestana se maria dans les jours qui suivirent, avec une veuve, âgée de vingt-sept ans et phtisique. Il la prit comme l'épouse spirituelle de son talent. Certainement la cause de sa stérilité était le célibat, c'est là ce qu'il pensait, la cause de sa déroute ; il se considérait, sur le plan artistique, comme un amuseur de salon, et tenait les polkas pour des démonstrations de petits-maîtres. A dater, oui, de cette union, il allait pouvoir engendrer une famille d'œuvres sérieuses, profondes, inspirées et travaillées.

Cet espoir éclôt dès les premières heures de l'amour, et s'épanouit avec la première aurore du mariage. Maria, balbutia-t-il dans le secret de son âme, prodigue-moi, Maria, ce que je n'ai su trouver dans la solitude de mes nuits et le tumulte de mes jours.

Presque aussitôt, pour commémorer leurs épousailles, il eut l'idée de composer un nocturne. Il l'intitulerait *Ave, Maria.* Il semblait que le bonheur lui communiquât un début d'inspiration ; ne voulant rien dire à sa femme avant d'en avoir terminé, il travaillait en cachette ; ce n'était guère facile car Maria, artiste elle-même, venait des heures durant dans la pièce des portraits, pour jouer et répéter avec lui, ou seulement pour l'écouter. Ils en arrivèrent à organiser des concerts hebdomadaires, avec trois autres artistes, amis de Pestana. Un dimanche, toutefois, le mari n'y tint plus et il appela sa femme pour lui faire entendre un extrait du nocturne ; il ne lui dit ni ce que c'était, ni de qui c'était. S'interrompant à l'improviste en cours d'éxécution, il l'interrogea du regard.

— Continue, dit Maria. Ne serait-ce pas Chopin ?

Pestana pâlit, il répéta encore deux ou trois extraits, les yeux dans le vide,et se releva. Maria s'installa au piano et, après s'être concentrée un moment, elle exécuta entière l'œuvre de Chopin. Le motif, le thème étaient identiques ; Pestana les avait rencontrés dans l'une quelconque des impasses obscures de la mémoire, agglomération traîtresse de vieux souvenirs accumulés. Désolé, désespéré, il sortit de chez lui et se dirigea du côté du pont, sur le chemin de *São Cristovão*.

— A quoi bon lutter, marmonnait-il. Je ne suis fait que pour les polkas... Vive la polka !

Les gens qui le croisaient, et l'entendaient, le regardaient, croyant avoir affaire à un fou. Et lui continuait son chemin, humilié, halluciné, éternel hochet entre l'ambition et la vocation... Il dépassa les anciens abattoirs, devant le portillon du passage à niveau, il lui vint à l'esprit de s'engager le long des rails à la rencontre du premier train qui viendrait et l'écraserait. Le garde-barrière le refoula. Il revint à lui et rebroussa chemin.

Quelques jours après, par une claire et fraiche matinée du mois de mai 1876, aux alentours de six heures, Pestana sentit dans ses doigts ce fourmillement particulier qu'il connaissait bien. Il se leva sans faire de bruit, pour ne pas réveiller Maria, qui avait toussé la plus grande partie de la nuit et venait seulement de s'endormir profondément. Il s'enferma dans la pièce du fond, ouvrit le piano, et le plus en sourdine qu'il put, accoucha d'une polka. Il la fit publier sous un pseudonyme ; dans les deux mois qui suivirent, il en composa, et toujours sous un pseudonyme en publia deux autres. Maria n'en sut jamais rien ; elle se mourait, toussant et ne faisant plus que tousser, jusqu'à expirer, une nuit, dans les bras de son mari, épouvanté et désespéré.

C'était une nuit de Noël. La douleur de Pestana fut d'autant plus violente qu'un bal avait lieu dans le voisinage, où l'on joua nombre de ses meilleures polkas. Déjà le bal était difficile à supporter ; que l'on y dansât sur ses propres airs ajoutait à la chose une ironie teintée de perversité. Il réagissait à la cadence des pas, devinait les gesticulations, à l'occasion lubriques, auxquelles invitait parfois sa musique ; tout cela au chevet du cadavre, blafard, un faisceau d'os, abandonné sur le lit... Toute la nuit, les heures s'écoulèrent de la sorte, paresseuses ou précipitées, trempées de larmes ou de sueur, humectées d'eau de Cologne et d'eau de Labarraque, comme emportées sans une pause, sur un rythme de polka, due à quelque grand Pestana invisible.

Sa jeune femme inhumée, le veuf n'eut plus qu'une seule préoccupation : abandonner la musique, aussitôt après avoir composé le *Requiem* qu'il se promettait de faire exécuter pour le premier anniversaire de la mort de Maria. Il choisirait un autre emploi, facteur, greffier, colporteur, n'importe quoi qui lui fasse oublier l'art assassin et impitoyable.

Il s'attela à l'ouvrage ; il ne négligea aucun recours, audace, patience, méditation, et jusqu'aux fantaisies qui se présentaient, comme il avait fait autrefois, les yeux rivés sur Mozart, dont il lut et relut le *Requiem*. Des semaines passèrent, puis des mois. Vivement conduite dans les premiers temps, l'œuvre ralentit l'allure. Pestana avait des hauts et des bas. Soit ce qu'il avait déjà composé lui paraissait bancal, sans âme ni esprit religieux, sans inspiration, sans nerf, et manquant de méthode ; soit le souffle lui revenait et il travaillait d'arrache-pied. Huit mois, neuf mois, dix mois..., le onzième mois s'écoula, et le *Requiem* n'était pas terminé. Pestana redoubla d'efforts ; il oublia leçons et amitiés. Maintes et maintes fois, il avait corrigé, repris l'œuvre en entier ; il entendait maintenant conclure, coûte que coûte. L'aube du jour anniversaire le trouva à la tâche.

Il se contenta d'une simple messe priée, qu'il suivit seul. Nous ne saurions dire si toutes les larmes qui lui vinrent furtivement aux yeux étaient les larmes du mari ou celles, quelques-unes, du compositeur. Une chose est sûre, il ne remit jamais la main au *Requiem*.

« A quoi bon ? », se disait-il.

Une année encore s'écoula. Dans les débuts de 1878, l'éditeur se manifesta.

— Voilà maintenant plus de deux ans que vous ne nous avez rien donné, dit-il. Le public se demande si vous auriez perdu votre talent. Qu'avez-vous fait ?

— Rien.

— Je sais quel coup vous a frappé ; mais deux ans ont passé. J'ai un contrat à vous proposer : vingt polkas dans les douze mois qui viennent ; au barême d'autrefois, mais avec un plus fort pourcentage sur les ventes. Ensuite, l'année terminée, si vous êtes d'accord, nous pourrons renouveler.

Pestana, d'un geste, acquiesça. Il avait gardé peu d'élèves, avait été contraint, pour honorer ses dettes, de vendre la maison, et son ordinaire, tout modeste qu'il fut, dévorait le reste. Il accepta le contrat.

— Mais, précisa l'éditeur, il me faut la première polka le plus vite possible. C'est urgent. Vous avez vu la lettre de l'Empereur au Caxias ? Les libéraux ont été appelés au pouvoir ; ils nous préparent une réforme électorale. Il faut appeler la polka : *Vive les élus de la droite*. Cela n'a rien de politique, c'est juste un titre de circonstance.

Pestana composa la première œuvre du contrat. En dépit de sa longue période de silence, il n'avait pas perdu la main, non plus que l'inspiration, ni son originalité. Il possédait toujours cette même touche de génie. Les autres polkas naquirent l'une après l'autre, régulièrement. Il avait conservé les portraits et les partitions, mais il évitait de perdre toutes ses nuits au piano, pour ne pas redevenir la proie de nouvelles et vaines tentatives. Et désormais il s'arrangeait pour obtenir une invitation chaque fois qu'il y avait un récital ou que l'on donnait un bon opéra ; il s'installait dans un coin et savourait sans partage cette part de belles choses dont il savait qu'elles ne jailliraient jamais de son cerveau. Une fois ou l'autre, en rentrant chez lui, ivre de musique, le maître demeuré infécond se réveillait en lui ; il s'asseyait alors au piano, et, sans avoir un motif en tête, il égrenait quelques notes, pendant une petite demi-heure, avant d'aller se coucher.

Et les ans coulèrent ainsi, identiques, jusqu'en 1885. La renommée de Pestana lui avait assuré définitivement la première place parmi les compositeurs de polkas. Mais la première place dans son village ne pouvait satisfaire ce César qui se fut contenté non pas de la seconde, mais jusque de la centième dans Rome. Il lui arrivait encore de passer par les hauts et les bas de naguère à l'égard de ses compositions ; mais la différence est que les écarts étaient moins marqués. Ni l'enthousiasme des premières heures, ni la détestation après une semaine ; juste un vague plaisir et un léger dégoût.

Cette même année 1885, il contracta une fièvre qui, de bénigne qu'elle était, s'aggrava en peu de jours jusqu'à devenir pernicieuse. Sa vie déjà était en danger, lorsqu'il vit apparaître l'éditeur qui, ne sachant rien de sa maladie, venait lui annoncer la remontée des conservateurs, et lui réclamer une polka de circonstance. L'infirmier, un pauvre clarinettiste de troisième ordre, lui dit l'état critique de Pestana, et il jugea préférable de ne parler de rien. C'est le malade qui insista pour savoir la raison de sa visite ; l'éditeur s'exécuta.

— Mais, ajouta-t-il pour conclure, ne faites rien avant d'être tout à fait remis.

— Aussitôt, l'assura Pestana, que la fièvre sera tombée.

Suivit un silence de quelques secondes. L'infirmier s'éclipsa sur la pointe des pieds pour préparer un remède ; l'éditeur se leva et prit congé.

— Adieu.

— Ecoutez, dit Pestana, comme je vais probablement mourir avant peu, je vous fais tout de suite deux polkas ; la seconde servira quand les libéraux reprendront le dessus.

Ce fut l'unique plaisanterie qu'il fit de sa vie, et il était temps, car il expira le lendemain, à quatre heures cinq exactement comme le soleil se levait, en bons termes avec les hommes et en mauvaise intelligence avec lui-même.

Celle que l'on désire

— Ah ! Conseiller, vous nous parlez en vers maintenant.

— Tous les hommes doivent avoir une lyre dans le cœur — ou ce ne sont pas des hommes. Que la lyre résonne à tout bout de champ et quelle que soit l'occasion, je ne dis pas ; mais de loin en loin, à l'heure de certaines réminiscences... Savez-vous pourquoi je vous ai tout à coup l'air d'un poète en dépit de mes décorations et de mes cheveux gris ? C'est que nous voici dans *Gloria*, longeant le Ministère des Affaires Etrangères... De ce côté, donc, le célèbre monastère... Un peu au-delà il y a une maison...

— Continuons.

— Continuons... Divine Quintiliá ! Tous ces gens que nous croisons ne sont évidemment plus les mêmes, et pourtant il me semble être revenu en arrière, et croiser ceux d'autrefois, de cet autre temps ; c'est la lyre qui résonne, et l'imagination fait le reste. Divine Quintiliá !

— Vous dites Quintiliá ? J'ai connu de vue, quand j'étais encore à l'Ecole de Médecine, une femme qui portait ce nom. On la disait la plus belle femme de la ville.

— Ce ne peut être que la même, car elle avait cette réputation. Une longue femme, très mince ?

— C'est cela. Qu'est-elle devenue ?

— Elle est morte. En 1859. Le 20 avril. Je n'oublierai jamais le jour. Je vais vous raconter une affaire, à laquelle j'ai été mêlée et qui, je crois, vous intéressera également. Tenez, nous y sommes, c'était cette maison... Elle habitait là avec un oncle, chef d'escadron à la retraite, il avait également une autre maison, à *Cosme Velho*. Quand j'ai fait la connaissance de Quintiliá... Quel âge croyez-vous qu'elle avait quand je l'ai connue ?

— Vous avez dit en 1855 ?

— En 1855.

— Dans les vingt ans ?

— Elle en avait trente.

— Trente ?

— Trente ans. Elle ne les paraissait pas, et pas une ennemie ne les lui aurait donnés. Elle-même les avouait volontiers, non sans une pointe de coquetterie. Tandis qu'une de ses amies, au contraire, affirmait qu'elle ne pouvait en avoir plus de vingt-sept ; mais comme toutes les deux étaient nées le même jour, l'amie cherchait d'abord à se rajeunir elle-même.

— Mauvaise langue, ne soyez pas cynique ; le cynisme et le spleen n'ont jamais fait bon ménage.

— Qu'est-ce que le spleen sinon un cynisme du temps et de la fortune ? Admirez, mon cher, voici que je deviens sentencieux ! Trente ans, mais elle ne les paraissait pas. Longue et mince, vous vous en souvenez, avec des yeux, comme je disais à l'époque, qui semblaient avoir été découpés dans le manteau de la nuit précédente, et en même temps, bien que nocturnes, sans le moidre abîme ou mystère. La voix douce, un rien précieuse, la bouche large et des dents qui, lorsqu'elle parlait, lui donnaient l'air de rire. Elle riait aussi, et c'est de ce rire, de concert avec ses yeux, que j'ai tant souffert pendant un temps.

— Mais si les yeux étaient sans mystère ?

— Sans mystère précisément, au point que j'en vins à les croire les portes ouvertes de ce château, tandis que le rire était la trompette qui sonne les cavaliers. Nous la connaissions déjà, mon collègue de bureau, João Nobrega et moi, qui débutions tous les deux, intimes comme il n'en est plus, dans la carrière d'avocat ; mais jamais nous ne nous étions commis à lui faire la cour. Elle était alors très en vue ; belle, riche, élégante, et menant grand train. Un jour dans l'ancien *Teatro Provisorio*, on donnait *Les Puritains*, je m'en souviens, je surpris dans un couloir, pendant l'entracte, un groupe de jeunes gens qui parlaient d'elle, comme d'une forteresse inexpugnable. Deux d'entre eux reconnaissaient avoir tenté chacun un petit quelque chose, mais sans résultat ; ils s'étonnaient tous du célibat prolongé de la jeune fille, auquel ils ne voyaient aucune explication. Et ils plaisantaient, disant l'un qu'elle était ce genre de promesse que l'on voit s'arrondir avant tout engagement, l'autre qu'elle attendait la seconde jeunesse de l'oncle pour convoler avec lui, un troisième qu'elle avait probablement loué les services d'un ange au portier du ciel ; des obscénités qui me hérissèrent, et que je trouvai, de la part de ceux qui disaient l'avoir courtisée ou aimée, de la dernière grossièreté. Mais quant à son extraordinaire beauté, ils étaient unanimes ; tous là-dessus se montrèrent enthousiastes et sincères.

— Oh ! Je me souviens maintenant... Elle était ravissante.

— Le lendemain, en arrivant au bureau, entre deux causes qui se faisaient attendre, je racontais à Nobrega la conversation de la veille. Elle sembla l'amuser beaucoup ; il réfléchit, et après avoir fait deux ou trois pas, il se planta devant moi, et me regarda, sans un mot. — Tu lui fais la cour, je parie ? lui demandai-je. — Non, dit-il. Toi non plus ? — Puis il me fit cette proposition : nous allons attaquer la forteresse. Qu'avons-nous à perdre ? Rien ; ou elle nous met dehors tous les deux, et nous nous retrouvons comme devant ; ou elle accepte l'un de nous, et ce sera aussi tout bénéfice pour l'autre, heureux du bonheur de son ami. — Tu parles sérieusement ? — Le plus sérieusement du monde. Ce n'était pas seulement sa beauté, du reste, qui la rendait attirante, ajouta encore Nobrega, lequel, je vous le signale au passage, avait la prétention d'être un esprit pratique, mais était avant tout un rêveur qui passait son temps à lire et à échafauder systèmes sur systèmes, sociaux et politiques. Les beaux jeunes gens du théâtre, selon lui, négligeaient d'évoquer les biens de la jeune fille, qui étaient aussi l'un de ses charmes, et expliquaient probablement les déceptions des uns et les sarcasmes des autres. — Ecoute, me disait-il, il ne s'agit pas de diviniser l'argent, pas davantage de le mépriser ; il n'apporte pas tout, c'est sûr ; mais qu'il apporte toujours un peu, et parfois beaucoup, reconnaissons-le ; une montre comme celle-ci, par exemple. Guerroyons donc pour notre Quintiliá, mienne ou tienne, nous verrons bien, mais très probablement mienne, vu que je suis plus joli garçon que toi.

— C'est grave ce que vous me dites là, Conseiller ; c'est de cette façon, en plaisantant... ?

— De cette façon, oui, en plaisantant, et sentant encore les bancs de l'Académie, que nous nous lançâmes dans une entreprise aussi calculée, qui pouvait se solder par un néant, mais nous bouscula sérieusement. Un début comme une amusette, presque un passe-temps de garnement, mais l'homme propose et le ciel dispose. Nous la connaissions, sans pour autant avoir souvent l'occasion de la rencontrer. Mais à peine nous commençâmes à faire cause commune qu'un élément nouveau apparut dans nos existences. Un mois ne s'était pas écoulé que nous étions brouillés.

— Brouillés ?

— Ou tout comme. Nous avions compté sans elle, qui nous envoûta tous les deux, violemment. Au bout de quelques semaines, déjà nous évitions de parler d'elle, ou ne le faisions qu'avec une feinte indifférence, prenant bien soin l'un comme l'autre de ne rien livrer et de dissimuler ce que nous éprouvions. Tant et si bien que notre amitié se trouva dissoute dans les six mois, sans haine, sans rixe ni éclat, car nous nous parlions encore quand l'occasion nous réunissait ; mais chacun depuis longtemps ne travaillait plus qu'à son propre sort.

— Je vois poindre le drame...

— La tragédie, dites la tragédie ; parce que bientôt, soit qu'elle l'ait elle-même découragé, soit qu'il ait perdu foi en la victoire, Nobrega me laissa seul en lice. Il s'arrangea pour se faire nommer juge de paix dans l'arrière-pays de Bahia, où il dépérit et mourut dans les quatre ans. Et je vous jure que ce n'est pas l'esprit pratique dont il se targuait qui le sépara de moi ; lui, qui avait tant insisté sur les avantages que procure l'argent, mourut passionné comme un autre Werther.

— Le pistolet en moins.

— Le poison tue autant ; et l'amour que provoquait Quintiliá avait quelque chose de cela ; c'est ce qui le tua, et qui me fait mal aujourd'hui encore... Mais je vois à votre réaction que je vous ennuie.

— Pas le moins du monde, je vous le jure ; ce n'est qu'une plaisanterie de mauvais goût qui m'aura échappé. Poursuivons, Conseiller ; vous êtes resté seul en lice.

— Seul en lice, non ; Quintiliá ne laissait jamais quiconque demeurer seul en lice — je ne dis pas qu'elle le faisait volontairement, mais son charme opérait ; beaucoup venaient là boire la coupe de l'espoir, qui allaient banqueter ailleurs. Elle ne favorisait pas plus l'un que l'autre ; mais elle était directe, pleine de charme, et elle avait cette sorte d'yeux noyés qui n'ont pas été faits pour des hommes jaloux. Je vécus des jalousies amères, et certaines fois, féroces. D'un grain de sable, je faisais une maison, d'une maison de l'univers. A la longue je m'habituai ;

il ne s'agissait jamais que de passagers d'un jour. D'autres m'inquiétaient davantage, ceux qui venaient recommandés par une amie. Il y eut, je crois, deux ou trois entremises de cette sorte, mais sans résultat. Quintiliá déclara qu'elle ne ferait rien sans consulter son oncle ; et l'oncle conseilla le refus — chose qu'elle savait d'avance. Le bon vieillard n'appréciait aucune de ces visites masculines, dans la crainte que la nièce fasse son choix et n'aille se marier. Il était si habitué à l'avoir toujours à ses côtés, telle la béquille d'un éclopé, qu'il s'effrayait à l'idée de la perdre entièrement.

— Ne serait-ce pas là la raison des refus répétés de la jeune femme ?

— Vous allez voir que non.

— Ce que je remarque c'est que vous étiez le plus tremblant de tous...

— ... et, dans les premiers temps, me faisant sérieusement illusion, car au milieu de cette succession de candidatures malheureuses, Quintiliá manifestait me préférer à tous et s'entretenait avec moi plus volontiers et plus intimement qu'avec les autres hommes, au point que le bruit se répandit que nous en étions au mariage.

— Mais de quoi parliez-vous ?

— De tout ce dont elle ne parlait pas avec les autres ; et il y avait de quoi surprendre qu'une personne aussi lancée, aimant sortir et danser, rire et valser, se montrât si grave avec moi et si sévère, si différente de ce que d'ordinaire elle était ou paraissait être.

— La raison est claire ; elle trouvait votre conversation moins insipide que celle des autres hommes.

— Je vous remercie ; mais le véritable motif de cette différence de traitement était plus enfoui, et avec le temps il alla s'accentuant. Quand la vie ici, à *Gloria*, commençait à l'excéder, elle montait à *Cosme Velho*, et là-haut nos conversations étaient plus fréquentes et plus longues. Je ne puis vous décrire, et vous ne pourriez le comprendre, ce que furent les heures que je vécus alors, incorporant à ma vie toute la vie qui jaillissait d'elle. Mille fois je voulus exprimer ce que j'éprouvais, mais les mots prenaient peur et me restaient dans le cœur. Je composais lettres sur lettres : toutes me paraissaient froides, verbeuses, ou ampoulées. De plus, elle ne facilitait guère les choses ; elle s'en tenait à des rapports de vieille amitié. Au début de 1857, mon père tomba malade à *Itaborai* ; je me précipitai, le trouvai à l'agonie. Cet événement me retint loin de la Cour quelques quatre mois environ. Je revins dans les derniers jours de mai. Quintiliá m'accueillit triste de ma tristesse, et je lus dans ses yeux qu'elle prenait part à mon deuil.

— Mais qu'était-ce là sinon de l'amour ?

— C'est aussi ce que je crus, et je planifiai ma vie en vue de l'épouser. Là-dessus, l'oncle tomba gravement malade. Quintiliá, s'il venait à mourir, n'allait pas se retrouver seule car, en plus des nombreux parents qu'elle avait ici et là, une cousine, veuve, Dona Ana, vivait désormais rue *do Catete* avec elle ; mais il est certain que son principal attachement lui manquerait alors et, dans cette période de transition entre son existence actuelle et celle à venir, j'avais quelque chance de pouvoir réaliser mes désirs. La maladie de l'oncle ne dura guère ; elle l'emporta, secondée par la vieillesse, dans les quinze jours. Je puis vous dire que sa mort me rappela celle de mon père, j'éprouvai presque la même douleur. Quintiliá vit ce que je souffrais, elle en comprit la double implication et, à ce qu'elle me dit ensuite, la coïncidence des situations, que nous ayions eu à essuyer pareillement un tel coup, si brusquement et de plein fouet, la frappa. J'interprétais son dire comme une invitation à me déclarer. Et je me mis en devoir, deux mois plus tard, de faire ma demande. Dona Ana était restée vivre avec elle et elles habitaient désormais la maison de *Cosme Velho*. J'y allai, les trouvai sur la terrasse toutes les deux, face à la montagne. Il était quatre heures de l'après-midi, un dimanche. Dona Ana, qui nous imaginait engagés, se retira, nous laissant le champ libre.

— Enfin !

— Sur la terrasse, espace solitaire, et je puis dire agreste, je proférai le premier mot. J'avais fait le plan de tout précipiter, dans la crainte de voir mes forces m'abandonner dans les cinq minutes. Même ainsi, vous ne pouvez mesurer ce que cela me coûta ; une bataille m'eût été moins pénible, et je vous jure que je ne suis pas né pour faire un soldat. Mais cette femme, si mince, délicate, m'en imposait comme pas une autre ne l'a fait, ni avant elle ni après...

— Et alors ?

— Quintiliá avait deviné, au bouleversement de mes traits, ce que je venais lui demander, et elle me laissa parler pour préparer sa réponse. La réponse fut interrogative et négative. Nous marier, pourquoi ? N'était-ce pas mieux de demeurer amis comme avant ? Je lui représentai que l'amitié, chez moi, n'était depuis beau temps que la simple sentinelle de l'amour ; ne pouvant plus longtemps retenir celui-ci, ajoutai-je, je l'ai laissé sortir. Quintiliá sourit de la métaphore, ce qui me blessa, et sans raison ; ce que voyant, à nouveau elle devint grave et s'employa à me persuader qu'il était préférable de ne pas nous marier — Je suis vieille, dit-elle, je vais sur mes trente-trois ans. — Mais si je vous aime ainsi, répliquai-je, et j'accumulai des arguments que je ne saurais dans l'instant vous répéter. Quintilià réfléchit un moment ; puis elle prôna les relations d'amitié : bien que plus jeune qu'elle, me dit-elle, j'avais le sérieux d'un homme plus âgé, et je lui inspirais une confiance comme elle n'en éprouvait auprès de personne d'autre. Perdant tout espoir, je tentais encore quelques passes ; puis je me rassis et je lui racontai tout. En apprenant ma dissension d'avec mon ancien ami et camarade d'études, elle me parut, je ne sais si c'est attristée ou fâchée. Elle nous blâma l'un et l'autre ; ce n'était vraiment pas la peine d'en arriver à pareille extrémité. — Vous parlez de la sorte parce que vous n'éprouvez pas les mêmes sentiments. — Mais alors c'est du délire ? — Je crois que oui ; je vous garantis qu'aujourd'hui encore, si la chose devait se reproduire, je couperai de même, et je crois pouvoir vous affirmer qu'il réagirait de la même façon. Là-dessus, elle me regarda comme si elle avait sous les yeux une personne dont les facultés tout à coup semblent s'être brouillées ; puis elle secoua la tête et répéta que ç'avait été une erreur, qu'il n'y avait pas de quoi en arriver là — Restons amis, me dit-elle, en me tendant la main. — C'est impossible ; vous me demandez une chose qui dépasse mes forces ; jamais je ne pourrai voir en vous une simple amie ; je ne veux rien vous imposer ; je vous dirais même que je n'insiste pas davantage parce que je ne saurai désormais accepter une autre réponse. Nous échangeâmes encore quelques mots, et je me retirai... Voyez ma main.

— Elle tremble encore...

— Et je ne vous ai pas tout dit, je ne vous dis rien de l'exécration, ni de la douleur et du dépit qui me restèrent. Je me faisais des reproches, je m'en voulais, j'aurais dû provoquer cette déconvenue dès les premières semaines ; mais la faute en avait été à l'espérance, cette plante maligne, qui avait mangé la place d'autres plantes plus bénéfiques. Le cinquième jour, je partis pour *Itaborai* où j'avais à régler certains intérêts touchant à la succession de mon père. Lorsque je revins au bout de trois semaines, n'ayant guère avancé mes affaires, je trouvai chez moi une lettre de Quintiliá.

— Oh !

— Je l'ouvris, tremblant d'émotion. La lettre datait de quatre jours. Elle était longue ; elle évoquait les derniers événements, et disait des choses tendres et graves. Quintiliá assurait m'avoir attendu jour après jour, ne pouvant imaginer de ma part un égoïsme tel que j'aie résolu de suspendre mes visites, c'est pourquoi elle m'écrivait, me priant de considérer mes sentiments personnnels et sans écho comme une page tournée, de demeurer l'ami de toujours et de revenir voir l'amie qu'elle était. Et elle concluait sur ces paroles étranges : « Vous faut-il une garantie ? Je vous promets que je ne me marierai jamais. » Je compris qu'un lien de sympathie morale nous attachait l'un à l'autre ; avec cette différence qu'il s'agissait chez moi d'une passion spécifique, et chez elle d'une simple affinité élective. Nous étions deux associés qui apportions chacun dans le commerce de la vie un capital différent : moi, la totalité de ce que je possédais ; elle, guère plus qu'une obole. Je répondis dans ce sens à sa lettre ; j'exprimais que mon obédience et mon amour étaient tels que je ne pouvais que me soumettre, mais de mauvaise grâce, car, après ce qui s'était passé, j'allais me sentir humilié. Je barrais le mot *ridicule*, que j'avais d'abord écrit, pour n'avoir à me présenter chez elle avec cette humiliation supplémentaire ; l'autre suffisait amplement.

— Et vous êtes accouru derrière la lettre, je présume ? C'est ce que j'aurais fait car, ou je me trompe, ou elle se mourait de l'envie que vous l'épousiez.

— Laissez-là votre physiologie habituelle, car le cas est des plus surprenants.

— Laissez-moi deviner la suite ; le serment était un merveilleux hameçon ; l'ayant reçu, vous aviez du même coup pouvoir de délier votre amie, avec ce bénéfice que vous profiteriez du déliement. Quoi qu'il en soit vous vous êtes précipité.

— Je ne me précipitai pas ; j'y allai deux jours plus tard. Dans l'intervalle, elle répondit à ma lettre par un billet plein de tendresse, qui se terminait ainsi : « Et ne parlez point d'humiliation, là où il n'y a pas eu de public. » J'y allai, y retournai une et moult fois, et nos relations se rétablirent. Plus rien ne fut évoqué ; il me fut difficile au début de retrouver ma contenance d'antan ; mais bientôt le démon de l'espoir se fit de nouveau l'hôte de mon cœur et, sans rien exprimer, je caressai l'idée qu'un jour, un jour lointain, elle finirait par m'épouser. Et ce fut cet espoir, dans la situation où je m'étais mis, qui me recomposa à mes propres yeux. La rumeur de notre mariage courut le monde ; lorsqu'elle nous venait aux oreilles, je démentais, sérieux, formellement ; elle, haussait les épaules et riait. Cette période de notre existence fut pour moi la plus sereine, à l'exception d'un court intermède, un diplomate, autrichien ou quelque chose du genre, fort bel homme, roux et élégant, avec de grands yeux très séduisants, et noble par-dessus le marché. Il se crut en bonne position et se préoccupa de pousser plus avant. Je ne sais quel geste, inconscient, de ma part, ou quelque chose, chez lui, du sens intime dont l'avait doté le ciel détrompa prestement la légation autrichienne. Peu de temps après, Quintiliá tomba malade ; et c'est alors que notre intimité prit une nouvelle dimension. Elle avait décidé, suivant en cela les instructions des médecins, de ne pas sortir tout le temps qu'elle se soignerait. Je passai là des heures chaque jour. Elle et sa cousine se mettaient au piano, ou nous jouiions tous les trois, ou bien nous faisions la lecture ; le plus souvent nous nous contentions de bavarder. Je pus alors l'étudier longuement ; en l'écoutant lire, je constatai que les histoires strictement amoureuses, elle les trouvait incompréhensibles, et lorsqu'elles traitaient de passions violentes, ennuyée, elle laissait tomber le livre. Et ce n'était point par totale ignorance ; elle avait une notion floue de ces sortes d'émotions et en avait vu vivre autour d'elle.

— De quelle maladie souffrait-elle ?

— De la moelle épinière. Les médecins tenaient que l'affection n'était sans doute pas récente, et elle semblait devoir atteindre un cap dangereux. Nous arrivâmes ainsi en 1859. Dans les premiers jours de mars, la maladie prit des proportions alarmantes ; il y eut un petit sursis, mais dès la fin du même mois son état était désespéré. Je n'ai jamais rencontré créature plus énergique face à l'imminence de la catastrophe ; elle était alors d'une maigreur diaphane, presque fluide ; elle riait, ou mieux souriait seulement et, devinant que je lui dissimulais mes larmes, elle me serrait les mains avec gratitude. Se trouvant seule un jour, avec son médecin, elle lui demanda de lui dire la vérité ; il allait mentir ; elle le prévint que c'était inutile, elle se savait condamnée.

— Condamnée, non, murmura le médecin.

— Jurez-moi que je ne suis pas condamnée ? — Il hésita, elle le remercia. Assurée de sa mort prochaine, elle organisa ce que dans son for intérieur elle s'était promis.

— Elle vous épousa, je parie ?

— Ne me rappelez pas cette triste cérémonie ; ou laissez, au contraire, que je m'en souvienne, qu'elle m'insuffle un peu de ma vaillance passée. Elle ne voulut rien entendre à mes refus ni à mes prières ; elle se maria avec moi aux portes de la mort. La cérémonie eut lieu le 18 avril ; je passai les dernières quarante-huit heures, jusqu'au 20 avril, au chevet de mon épousée moribonde, et celle que j'embrassai pour la première fois n'était plus qu'un cadavre.

— Tout ceci est bien étrange.

— Je ne sais ce qu'en dirait votre physiologie. La mienne, qui est celle d'un profane, tient que cette jeune femme éprouvait envers le mariage une aversion purement physique. Elle se maria à l'article de la mort, aux frontières du néant. Dites-la monstrueuse, si vous voulez, mais ajoutez divine.

Le mobile secret

Garcia, debout contemplait ses ongles et les faisait craquer ; dans le fauteuil à bascule, Fortunato regardait au plafond ; Maria Luisa, dans l'embrasure de la fenêtre, s'affairait à un travail d'aiguille. Il y avait déjà cinq bonnes minutes qu'aucun d'eux ne disait rien. Ils avaient parlé de la journée écoulée, qui avait été excellente, de Catumbi, où demeurait le ménage Fortunato, et d'une maison de santé, dont il sera question plus loin. Les trois protagonistes étant aujourd'hui morts et enterrés, le temps est venu de raconter l'histoire sans en rien déguiser.

— Ils avaient aussi évoqué, en plus des trois choses que nous venons de dire, un autre sujet, si grave et si affreux, que c'est sans beaucoup d'entrain qu'ils s'étaient entretenus du temps, de Catumbi et de la maison de santé. La conversation avait manqué de naturel de bout en bout. Et il semble bien, à y regarder de près, que les doigts de Maria Luisa tremblent encore, et que le visage de Garcia conserve une expression de sévérité qui ne lui est pas habituelle. En vérité, ce qui s'est produit a été d'une telle nature qu'il convient, pour le faire comprendre, de remonter à l'origine de la situation.

Garcia avait terminé l'année précédente, en 1861, ses études de médecine. Il était encore à L'Ecole, lorsqu'il avait rencontré Fortunato pour la première fois, à la sortie de L'Hôtel-Dieu. Le personnage lui avait fait impression ; mais il ne l'en aurait pas moins totalement oublié, si le hasard ne les avait remis en présence quelques jours plus tard. Garcia habitait à l'époque rue *Don Manuel*. Une de ses rares distractions était de se rendre au théâtre *São Januario*, tout proche, entre sa rue et la plage, ce qu'il faisait une ou deux fois par mois ; le plus souvent l'assistance ne dépassait pas les quarante personnes, car seuls les plus intrépides trouvaient l'énergie de courir dans un quartier aussi excentrique. Un soir, alors qu'il avait déjà pris place, il vit arriver Fortunato, qui s'installa à côté de lui.

La pièce était un drame de second ordre, cousu à grosses ficelles, et truffé d'anathèmes et de lamentations. Mais l'attention de Fortunato ne fléchit pas tout le temps de la représentation. Dans les moments douloureux son attention redoublait, ses yeux allaient d'un protagoniste à l'autre, au point que l'étudiant conclut à une réminiscence personnelle, en relation avec l'intrigue, de la part de son voisin. Après le drame, on donnait une farce, mais Fortunato sortit sans attendre ; Garcia lui emboîta le pas. Fortunato prit la ruelle *do Cotovêlo*, puis la rue *São José*, jusqu'au *Largo da Carioca*. Il marchait la tête basse, sans se hâter, en s'arrêtant de temps en temps pour frapper d'un coup de sa canne un chien qui dormait ; le chien aboyait derrière lui, tandis qu'il poursuivait son chemin. Arrivé au *Largo da Carioca*, il monta dans un tilbury, et s'éloigna en direction de la place de la Constitution. Garcia rentra chez lui sans en apprendre davantage.

Plusieurs semaines passèrent. Il était chez lui, un soir, vers les neuf heures, quand il entendit un bruit de voix dans l'escalier ; il se précipita hors de la mansarde où il habitait, au premier étage où vivait un employé de l'arsenal maritime. C'était cet homme que des individus ramenaient, couvert de sang, et remontaient chez lui. Le noir qui le servait ouvrit en toute hâte ; l'ouvrier gémissait, les voix étaient confuses, les lumières rares. Une fois le blessé déposé sur son lit, Garcia dit qu'il fallait d'urgence appeler un médecin.

— Il y en a un qui arrive, dit une voix.

Garcia regarda : l'homme était celui de L'Hôtel-Dieu et du théâtre. Il crut à un parent ou à un ami du blessé ; mais l'autre s'étant informé si l'on connaissait à celui-ci des parents ou quelqu'un de proche, il vit qu'il se trompait. Le noir répondit que non, et l'inconnu prit la direction des opérations. Il demanda aux personnes étrangères de se retirer, paya celles qui avaient aidé au transport du blessé, veilla aux premières dispositions. Ayant compris que Garcia était un voisin et qu'il étudiait la médecine, il le pria de bien vouloir rester pour prêter la main au médecin, puis il raconta ce qui s'était passé.

— C'est une bande de *capoïeras** qui a fait le coup. Je sortais de la caserne de Moura, où j'étais allé voir un de mes cousins, quand j'ai entendu un grand bruit et vu un attroupement. Il semble qu'ils s'en soient pris également à un autre passant, qui a pu s'enfuir par une des ruelles. J'ai seulement vu ce monsieur qui traversait la rue, au moment où l'un des capoïeras, en le frôlant, l'a frappé de son poignard. Il ne s'est pas affaissé aussitôt ; il a eu le temps de me dire où il habitait, et comme c'était à deux pas, j'ai jugé préférable de le transporter chez lui.

— Vous le connaissiez ? demanda Garcia.

— Non, je ne l'ai jamais vu. Qui est-ce ?

— C'est un brave homme, un employé de l'arsenal maritime. Il s'appelle Gouveia.

— Non, je ne vois pas qui c'est.

* *Capoïera :* lutte d'origine africaine.

Le médecin et le commissaire arrivèrent peu après ; le médecin examina la plaie, puis les deux hommes prirent les renseignements d'usage. L'inconnu déclara s'appeler Fortunato Gomes da Silveira, il dit qu'il était célibataire, qu'il vivait de ses rentes, et habitait *Catumbi*. La blessure était grave. Aidé de l'étudiant, Fortunato seconda le médecin pendant les soins ainsi que l'aurait fait un domestique, tenant tour à tour le bassin, la bougie, les linges, sans une maladresse, et en regardant avec un grand sang-froid le blessé qui gémissait beaucoup. Il était au mieux, à la fin, avec le médecin, qu'il raccompagna jusque sur le palier, et il réitéra au commissaire sa proposition de rester à la disposition de la police pour aider à l'enquête. Le médecin et le commissaire s'en allèrent, Garcia et Fortunato restèrent dans la chambre.

L'étudiant était interloqué. Il vit Fortunato s'installer confortablement, déplier les jambes, enfoncer les mains dans les poches de son pantalon et se mettre à contempler le blessé. Il avait les yeux clairs, de la couleur du plomb, qu'il bougeait lentement, et dont l'expression était dure, sèche et froide. Le visage triste et maigre, cerclé d'un mince collier de barbe, rase, rousse et rare, qui courait d'une tempe à l'autre. Il paraissait dans les quarante ans. De temps en temps, il se tournait vers l'étudiant, lui posait une question au sujet du blessé ; mais, tandis que Garcia répondait, il reportait aussitôt son regard vers le lit. Garcia éprouvait une impression à la fois de répulsion et de fascination ; il assistait indéniablement à une action d'un rare dévouement, et si, réellement, Fortunato était aussi désintéressé qu'il y paraissait, il n'y avait plus qu'à considérer le cœur humain comme un puits de mystères.

Fortunato se retira un peu avant une heure du matin ; il revint les jours suivants, mais la blessure cicatrisa vite, et il disparut avant que la guérison fut tout à fait achevée, sans rien dire de lui ni de l'endroit où il habitait à son obligé. Ce fut l'étudiant qui transmit à celui-ci son nom et son adresse.

— Je tiens à le remercier de la charité qu'il m'a faite, aussitôt que je serai sur pied, dit le convalescent.

Six jours plus tard, il courut à Catumbi. Fortunato le reçut avec réticence, écouta à contre-cœur ses remerciements, auxquels il coupa net, impatient et contrarié, et se mit pour finir à battre ostensiblement les cordons de sa robe de chambre sur ses genoux. Assis sans voix en face de lui, Gouveia tournait son chapeau entre ses doigts, en levant les yeux de temps à autre, sans plus savoir que faire de lui-même. Au bout de dix minutes, il demanda la permission de se retirer, et sortit.

— Attention aux capoïeras, lui lança l'autre en guise d'au-revoir, en riant.

Le pauvre diable sortit de là mortifié, humilié, ravalant l'avanie et s'efforçant de l'oublier, de lui trouver une explication et de la pardonner, afin que ne demeurât dans son cœur que le souvenir du bien qui lui avait été fait ; mais peine perdue. Le ressentiment, nouvel hôte exclusif et envahissant, bouta dehors le bienfait reçu, de sorte que le malheureux n'eut plus qu'à tourner la page dans sa tête et en rester là.

C'est ainsi que le bienfaiteur lui-même distilla chez son obligé le poison de l'ingratitude.

Tout ceci intrigua fort notre Garcia. Le jeune homme possédait, à l'état encore embryonnaire, la faculté de sonder les âmes, de déchiffrer les caractères, il avait la passion de l'analyse et se délectait, suprêmement disait-il, de surprendre, en deçà d'une édification morale, les secrets d'un psychisme. Sa curiosité éveillée, il eut volontiers poussé jusque chez l'homme de Catumbi. Mais il se souvint qu'il n'y avait pas été formellement invité. Il lui fallait, pour se présenter, au moins l'apparence d'un prétexte, qu'il ne sut inventer !

Du temps passa. Garcia, son diplôme en poche, habitait maintenant rue de *Mata-Cavalo*, près de la rue *do Conde*, lorsqu'il rencontra Fortunato dans une voiture. Il y eut d'autres rencontres, dont la fréquence entraîna la familiarité. Un jour Fortunato l'invita à venir le voir, non loin de là, à *Catumbi.*

— Vous savez que je suis marié ?

— Je n'en savais rien.

— Je me suis marié il y a quatre mois, autant dire quatre jours. Venez donc déjeuner dimanche.

— Dimanche ?

— Et n'allez pas me forger une excuse, je n'admets pas les excuses. A dimanche !

Le dimanche, Garcia s'exécuta. Fortunato le traita au mieux, bonne table, bons cigares, et une conversation agréable, en compagnie de sa femme, qui était intéressante. Fortunato n'avait pas changé. Ses yeux étaient les mêmes chappes de plomb qu'autrefois, et le reste de sa physionomie n'était guère plus attirante. Ses prévenances cependant, si elles ne rachetaient pas la nature, dispensaient une réelle compensation, et ce n'était pas peu. Maria Luisa, oui, possédait ce double charme, au physique, et dans ses manières. Elle était svelte, faite au tour, avec de grands yeux, liquides et soumis ; âgée de vingt-cinq ans, elle n'en paraissait pas vingt. Garcia, la seconde fois qu'il se rendit à *Catumbi*, remarqua entre elle et Fortunato une certaine disparité de caractère, une entière ou presque, absence d'affinité sur le plan moral et, de la part de la jeune femme à l'égard de son mari, une attitude qui dépassait le respect et confinait à la résignation et à la peur. Un jour qu'ils étaient réunis tous les trois, Garcia demanda à Maria Luisa si elle était au courant des circonstances qui lui avaient valu de faire la connaissance de son mari.

— Non, répondit la jeune femme.

— Vous allez entendre une histoire édifiante.

— Ce n'est pas la peine, interrompit Fortunato.

— Maria Luisa verra elle-même si cela en vaut la peine, insista le médecin.

Et il relata l'épisode de la rue *Don Manuel*. La jeune femme écouta stupéfaite. Insensiblement elle avança la main jusqu'à la poser sur le poignet de son mari, souriante et reconnaissante, comme si elle venait de lui découvrir un cœur. Fortunato écoutait en haussant les épaules, mais on voyait qu'il n'était pas indifférent. C'est même lui qui raconta, pour finir, la visite de remerciement, l'embarras du blessé, ses paroles empruntées, ses silences, toute la bizarrerie de la scène en somme. Et il riait franchement en l'évoquant, d'un rire non pas duplice — la duplicité est évasive et oblique — mais franc et jovial.

« Singulier individu », pensa Garcia.

Les moqueries de son mari rembrunirent Maria Luisa, mais Garcia la rasséréna en lui retraçant à nouveau le dévouement de Fortunato et ses rares qualités d'infirmier, un si bon infirmier, conclut-il, que si quelque jour il fondait une maison de santé, il ferait appel à lui.

— Chiche ? dit Fortunato.

— Chiche quoi ?

— Que nous allons fonder une maison de santé.

— Chiche rien du tout ; je plaisantais.

— Pourquoi non ? Il faut y penser ; et pour vous qui commencez à exercer, ce serait parfait. J'ai justement une maison qui va se trouver libre, et qui ferait l'affaire.

Garcia refusa ce jour-là, et refusa le lendemain ; mais l'idée s'était installée dans la tête de l'autre, et il ne fut bientôt plus possible de reculer. A dire vrai, c'était pour lui une excellente mise en selle, et cela pouvait se révéler devenir une bonne affaire pour tous les deux. Finalement il accepta, au bout d'un certain temps, et ce fut une déception pour Maria Luisa. Créature impressionnable et fragile, elle se tourmentait à la seule idée de savoir son mari en contact avec la maladie, la misère humaine, mais elle n'osa pas le contrer, et s'inclina. Le projet prit forme et fut bientôt réalisé. Le fait est que Fortunato, ni alors, ni par la suite, ne s'occupa plus d'autre chose. L'établissement une fois ouvert, il en devint l'administrateur ainsi que le chef des infirmiers, dirigeant tout et veillant à tout, achats et écritures, drogues et brouets.

Garcia put alors observer que, loin d'être un accident, le dévouement dont avait bénéficié le blessé de la rue du *Dom Manuel* correspondait à la nature profonde de son associé. Il le voyait aider comme pas un assistant, infirmier ou garçon de salle, ne l'eut fait. Rien ne le rebutait, il semblait ne pas savoir ce qu'est une maladie affligeante ou repoussante, était toujours disponible pour quelque tâche que ce soit, quelle que soit l'heure du jour ou de la nuit. Tout le monde admirait et applaudissait. Fortunato étudiait, accompagnait les opérations, et personne d'autre ne se chargeait des vésicatoires.

— J'ai une grande confiance dans ces médications, disait-il.

La communauté d'intérêts resserra les liens de l'intimité. Garcia devint un familier de la maison ; il prenait presque chaque jour ses repas entre le mari et la femme, et il pouvait ainsi observer à loisir la vie et la personne de Maria Luisa, dont la solitude morale était évidente. Et il semblait que la solitude décuplât son charme. Garcia sentit bientôt que quelque chose le troublait, lorsqu'elle apparaissait, qu'elle parlait, ou s'occupait à son ouvrage dans l'embrasure d'une fenêtre, et quand elle exécutait au piano quelque pièce mélancolique. Doux, tout doucement, l'amour lui pénétra le cœur. Quand il s'en avisa, il voulut s'en défaire pour qu'entre lui et Fortunato ne vienne d'autre lien que celui de l'amitié ; mais ce fut peine perdue. Il ne put mieux faire que de taire son amour. Maria Luisa comprit les deux choses, l'attachement et le silence, mais elle ne se formalisa pas.

Dans les premiers jours d'octobre advint un accident, qui découvrit plus encore aux yeux du médecin la situation de la jeune femme. Fortunato s'était mis à l'étude de l'anatomie et de la physiologie, et il occupait ses heures creuses à empoisonner et dépecer des chats et des chiens. Comme les glapissements des malheureuses bêtes tourmentaient les malades, il transporta son laboratoire sous son propre toit, et ce fut à sa femme, de constitution émotive, de le supporter. Un jour, n'en pouvant plus, elle alla trouver le médecin, et lui demanda d'intervenir en son nom auprès de son mari afin qu'il mette un terme à de telles expériences.

— Mais ne pourriez-vous vous-même...

— Venant de ma part, insista Maria Luisa avec un sourire, il croira à un enfantillage. Ce que je voudrais, c'est qu'en votre qualité de médecin vous lui représentiez combien cela me fait mal, et croyez que cela le fait...

Garcia obtint promptement que l'autre en terminât avec ces sortes d'études. S'il fut les poursuivre ailleurs, nul n'en sut rien, mais c'est probablement ce qu'il fit. Maria Luisa remercia le médecin, autant pour elle-même que pour les pauvres bêtes, qu'elle ne pouvait voir souffrir. De temps en temps, elle toussait. Garcia lui demanda si elle se sentait souffrante, elle répondit que non.

— Laissez-moi prendre votre pouls.

— Je vais très bien.

Elle lui refusa son pouls, et se retira, Garcia demeura préoccupé. Il avait la presque certitude, au contraire, qu'elle souffrait de quelque chose ; il s'imposait de la suivre et de prévenir son mari en temps voulu.

Deux jours plus tard — ce jour, précisément, où nous les rencontrons — Garcia alla déjeuner chez le couple. Dans le salon, on lui dit que Fortunato se trouvait dans son cabinet. Il alla l'y rejoindre, et il arrivait à la porte comme Maria Luisa sortait, bouleversée, de la pièce.

— Que se passe-t-il ? lui demanda-t-il.

— La souris, la souris ! lâcha la jeune femme haletante, et elle se sauva.

Garcia se souvint que, la veille, il avait entendu Fortunato se plaindre de ce qu'une souris lui avait détruit un papier important ; mais il était loin d'imaginer ce qu'il découvrit. Il découvrit Fortunato assis à la table qui occupait le centre du bureau, et sur laquelle il avait disposé une assiette contenant de l'esprit-de-vin. Le liquide flambait. Fortunato, de sa main gauche, entre le pouce et l'index, tenait une ficelle au bout de laquelle pendait une souris attachée par la queue. Dans la main droite, il avait une paire de ciseaux. Au moment où Garcia entra, Fortunato était en train de couper une des pattes de la souris ; puis Garcia le vit qui descendait la pauvre bête, jusqu'à la flamme, d'un geste preste, pour ne pas l'achever ; il se disposait à faire de même avec la troisième patte, puisqu'il en avait déjà terminé avec la première. Garcia s'immobilisa, horrifié.

— Tuez-la tout de suite, s'exclama-t-il.

— Je m'y emploie.

Et avec un sourire incomparable, reflet d'une âme comblée, un quelque chose dans l'expression qui traduisait l'intime délectation des sensations les plus extrêmes, Fortunato trancha la troisième patte de la souris, et pour la troisième fois fit le même geste, véloce, jusqu'à la flamme. L'animal, sanguinolent, se tordait, gémissant et grésillant, et n'en finissant pas de mourir. Garcia détourna les yeux, puis il revint à Fortunato, et avança la main pour arrêter l'affreux supplice, mais il n'y parvint pas parce que le diable d'homme, avec toute la sérénité radieuse qu'exprimait sa physionomie, en imposait et effrayait. Il restait à couper la dernière patte ; ce que fit Fortunato avec une lenteur appliquée, en ne quittant pas les ciseaux des yeux ; la patte tomba, et il contempla un moment la souris devenue presque un cadavre. En la descendant une quatrième fois jusqu'à la flamme, il eut un geste encore plus preste que les fois précédentes, pour lui conserver, s'il le pouvait, quelque ultime lambeau de vie.

Garcia, en face de lui, parvenait à dominer l'horreur du spectacle pour scruter le visage de Fortunato. Ni haine, ni colère : les traits de celui-ci n'exprimaient rien d'autre qu'un plaisir tranquille, profond et vaste, tel qu'on en éprouve à l'audition d'une belle sonate, ou dans la contemplation d'une statue divine, quelque chose comme une sensation purement esthétique. Il eut l'impression, et il ne se trompait pas, que Fortunato l'avait totalement oublié. Cela étant, il ne pouvait être en train de feindre, et probablement, était-il tout à fait sincère. Le feu se mourait, et peut-être restait-il encore chez la souris un peu de vie, l'ombre d'une ombre ; Fortunato en profita pour lui couper le museau et pour approcher une dernière fois la chair sanglante de la flamme. Enfin, il laissa tomber le cadavre dans l'assiette, et écarta de lui tout ce mélange de charpie et de roussi.

En se relevant, il se surprit nez à nez avec le médecin. Il eut un sursaut, et manifesta aussitôt une fureur justifiée contre l'animal, ne lui avait-il pas dévoré un document ? mais sa colère évidemment était feinte.

« Punition à froid », conclut le médecin. « à seulement fin d'éprouver une sensation de plaisir, que peut seule lui procurer la douleur d'autrui ; voilà la motivation, le secret de cet homme ».

Fortunato renchérit l'importance du papier détruit, la perte subie, perte de temps, certes, mais son temps était désormais plus que précieux. Garcia écoutait, sans faire un commentaire, sans plus lui porter le moindre crédit. Il se remémorait nombre des comportements de Fortunato, graves et moins graves ; pour chacun la même explication s'imposait. C'était la même intervention des claviers de la sensibilité, un dilettantisme *sui generis* : un Caligula en réduction.

Lorsque Maria Luisa, au bout d'un moment, réapparut à la porte du cabinet, son mari alla au-devant d'elle et, lui prenant les mains en riant, il lui dit gentiment :

— Petite nature !

Et se tournant vers le médecin :

— C'est tout juste si elle ne s'est pas évanouie !

Maria Luisa se défendit d'avoir eu peur, elle dit qu'elle était femme et impressionnable ; puis elle alla s'asseoir à la fenêtre avec ses laines et ses aiguilles, et ses doigts tremblaient, telle que nous l'avons trouvée au début de cette histoire. Tous trois, souvenons-nous en, après avoir parlé de choses et d'autres, s'étaient tus ; le mari regardait au plafond, Garcia jouait avec ses ongles. Peu après, ils passèrent à table ; mais le dîner ne fut pas gai. Maria Luisa demeurait tendue et elle toussait ; le médecin, dans son for intérieur, en était à se demander si, dans la compagnie d'un tel homme, elle n'était pas exposée à quelque excès ; aussi peu probable que cela puisse être, l'amour qu'il éprouvait, de cette probabilité, fit une certitude ; il trembla pour la vie de Maria Luisa et se promit de les avoir à l'œil.

Elle toussait désormais, toussait sans discontinuer, et la maladie ne tarda plus à lever le masque. C'était la phtisie, cette vieille dame insatiable, qui pompe toute vie jusqu'à ne faire des os de la bagasse. Averti, Fortunato reçut la nouvelle comme un choc ; il aimait véritablement sa femme, à sa manière, il était habitué à elle, ne pouvait se résoudre à la perdre. Il n'épargna aucun effort, spécialistes, cures, changements d'air, tout un arsenal de recours et de palliatifs ; rien n'y fit.

Dans les derniers jours, en présence des tourments suprêmes de la jeune femme, l'idiosyncrasie du mari domina tout autre sentiment. Il ne la quitta plus ; son regard morne et froid rivé à la décomposition lente et douloureuse des ultimes réserves vitales, il but trait à trait l'agonie de la belle créature, maintenant amaigrie et transparente, rongée par la fièvre et minée par la mort. Tout au long de son agonie, enclos dans son égoïsme inexorable affamé de sensations, il ne lui fit pas grâce d'une seule minute, et il ne la rétribua même pas d'une larme, que ce soit seul ou devant témoin. Lorsqu'elle eut expiré, alors seulement il s'effondra. Revenant à lui, il vit qu'il était seul de nouveau.

La nuit suivante, la parente qui avait assisté Maria Luisa dans les derniers moments étant allée prendre un peu de repos, Garcia et Fortunato restèrent seuls au chevet du cadavre, plongés tous les deux dans leurs pensées ; mais voyant le mari lui-même exténué, Garcia insista pour qu'il s'octroie un moment de repos.

— Allez-vous étendre une heure ou deux : j'irai ensuite.

Fortunato quitta la chambre et alla s'étendre sur le sofa, dans l'antichambre voisine ; il ne fut pas long à s'endormir. Vingt minutes plus tard, il se réveilla ; il essaya encore de se rendormir et sommeilla vaguement pendant quelques minutes ; finalement il se leva et retourna dans la chambre. Il marchait sur la pointe des pieds pour ne pas réveiller la parente, qui dormait à côté. Arrivé sur le seuil, il s'arrêta confondu.

Garcia s'était approché du cadavre, il avait soulevé le drap et avait contemplé un moment le visage de la défunte. Puis, comme si la mort avait le pouvoir de spiritualiser toute chose, il se pencha et la baisa au front. C'est à ce moment précis que Fortunato s'avança dans la porte. Il s'arrêta, pris de court : ce ne pouvait être le baiser de l'amitié, ce pouvait être l'épilogue d'une histoire d'amour. Il n'éprouvait, il faut le noter, aucune jalousie ; la nature l'avait ainsi constitué qu'il n'éprouvait ni jalousies ni envies ; mais elle l'avait doté d'une belle vanité, laquelle n'est pas moins esclave du ressentiment. Il resta sur le seuil, confondu, et se mordant les lèvres.

Garcia, cependant, s'était penché de nouveau pour embrasser le cadavre une autre fois, mais à ce point, il ne put davantage se maîtriser, le baiser se défit en sanglots, et ses yeux ne purent contenir les larmes, qui se précipitèrent, torrentielles, larmes d'amour inavoué, d'irrémédiable désespoir. Fortunato, depuis la porte où il était resté, savoura paisiblement cette explosion de douleur, de longue, infiniment, délectablement longue douleur morale.

La messe de minuit

Aujourd'hui encore, après des années, je ne comprends toujours pas la conversation que j'eus à l'époque avec une dame, j'avais alors dix-sept ans et elle la trentaine. C'était une nuit de Noël. M'étant entendu avec un voisin pour que nous allions ensemble à la messe de minuit, j'avais préféré ne pas m'endormir ; nous avions convenu que j'irais le réveiller pour minuit.

La maison où j'étais logé appartenait au greffier Menezes, qui avait été marié, en premières noces, avec une de mes cousines. Conceição, sa seconde femme, et la mère de celle-ci m'avaient bien accueilli lorsque j'étais arrivé de Mangaratiba à Rio de Janeiro, quelques mois auparavant, pour faire ma propédeutique. Je menais une existence sans histoire dans cette maison à deux étages de la rue du Sénat, entre mes livres, quelques relations, de rares promenades. La famille, réduite — le greffier, sa femme, sa belle-mère et deux esclaves — vivait à l'ancienne mode. Dès dix heures, le soir, chacun se retirait dans sa chambre ; à dix heures et demie la maisonnée dormait. Je n'étais encore jamais allé au théâtre, et souvent, entendant dire à Menezes qu'il s'y rendait, je lui avais demandé de m'emmener. La belle-mère, en ces circonstances, faisait une grimace, et les esclaves riaient sous cape ; lui ne répondait pas, il s'habillait, sortait, et revenait seulement le lendemain matin. Plus tard, je compris que le théâtre était pur euphémisme. Menezes avait une liaison avec une dame, séparée de son mari, et dormais hors de chez lui une fois par semaine. Conceição, au début, avait souffert de l'existence de cette rivale ; mais, avec le temps, elle s'était résignée, en avait pris l'habitude, et fini par trouver que tout était très bien ainsi.

Brave Conceição ! On l'appelait « la sainte », appellation à laquelle elle rendait justice, tant elle savait consentir aux manquements de son mari. A dire vrai, elle était d'un tempérament modéré, étranger aux extrêmes, sans grands éclats de rire, sans crises de larmes. S'agissant du chapitre qui nous occupe, elle eut fait une mahométane exemplaire, et accepté un harem entier, en gardant sauves les apparences. Dieu me pardonne, si je la juge mal. Tout en elle était atténué et passif. Le visage lui-même était quelconque, ni beau ni laid. Elle était ce qu'on appelle une personne sympathique. Jamais elle ne disait de mal de personne, elle pardonnait tout. Elle ne savait pas haïr ; peut-être même ne savait-elle pas aimer.

Menezes ce soir de Noël s'absenta pour aller au théâtre. C'était dans les années 1861-1862. J'aurais déjà dû être à Mangaritaba en vacances, depuis quelques jours, mais j'avais tenu à attendre Noël pour assister à « la messe de minuit à la Cour ». La famille se retira comme d'ordinaire, et je m'installai, fin prêt et tout habillé, dans la pièce de devant. Je n'aurais plus ainsi qu'à passer dans l'entrée et à sortir sans éveiller personne. Il y avait trois clefs dans la maison, celle qu'avait emportée Menezes, une seconde qu'on m'avait confiée, la troisième restant à l'intérieur.

— Mais M. Nogueira, qu'allez-vous bien pouvoir faire, m'avait demandé la mère de Conceição, pour employer tout ce temps.

— J'ai de la lecture, Dona Inacia.

J'avais pris un roman, *Les Trois Mousquetaires*, dans l'ancienne traduction, si je ne me trompe, du *Jornal do Comèrcio*. Je m'installai à la table, au centre de la pièce, et, enfourchant une fois encore la maigre monture de D'Artagnan, m'en fut à l'aventure, à la lumière d'une lampe à huile, tandis que la maison dormait. Dumas, dès les premières pages, m'emballa totalement. Les minutes volaient, au contraire de ce qui se passe lorsqu'on les vit dans l'attente. J'entendis sonner onze heures, à l'improviste, sans presque les avoir senties. Un léger bruit cependant, venu du fond de la maison, me secoua hors de ma lecture. C'était des pas dans le couloir entre le salon et la salle à manger. Je relevai la tête ; l'instant d'après, la silhouette de Conceição se détacha dans l'embrasure de la porte.

— Vous n'êtes pas encore parti ? me demanda-t-elle.

— Non, pas encore ; je ne pense pas qu'il soit déjà minuit.

— Quelle patience !

Conceição entra dans la pièce en traînant les pieds dans ses mules. Elle avait revêtu une robe de chambre, nouée lâchement autour de la taille. Maigre comme elle était, elle avait l'air d'une apparition romantique, qui ne tranchait nullement avec mon roman d'aventures. Je fermai mon livre ; elle alla s'asseoir sur la chaise en face de la mienne, à côté du canapé. Comme je lui demandai si c'était moi qui l'avait réveillée sans le vouloir, en faisant du bruit, elle s'empressa de répondre :

— Non, non ! Pas du tout ! Je me suis réveillée parce que je me suis réveillée.

Je lui jetai un rapide coup d'œil, qui me fit douter de ce qu'elle disait. Ses yeux n'étaient pas ceux d'une personne sortant juste du sommeil ; elle paraissait n'avoir pas encore dormi. Cette observation pourtant, qui pour un autre esprit aurait pesé son poids, je l'écartai sur-le-champ, sans m'aviser que peut-être elle n'avait pas dormi précisément à cause de moi, et qu'elle mentait pour ne pas me chagriner ou m'importuner. J'ai déjà dit qu'elle était bonne, très bonne.

— Mais, dis-je, l'heure, cette fois, ne doit plus tarder.

— Quelle patience que la vôtre d'attendre ainsi éveillé, alors que votre voisin dort. Et d'attendre seul ! Vous n'avez pas peur des âmes de l'autre monde ? J'ai craint que vous vous effrayiez en me voyant.

— Je me suis étonné en entendant des pas ; mais vous êtes apparue tout de suite.

— Qu'est-ce que vous lisiez ? Ne dîtes pas, je sais déjà, c'est le roman des *Mousquetaires*.

— Tout juste : c'est très joli.

— Vous aimez les romans ?

— Beaucoup.

— Vous avez lu *A Moreninha*.

— Du Dr Maceado ? Je l'ai chez nous, à Mangaratiba.

— J'aime beaucoup les romans, mais je lis peu, faute de temps. Dîtes-moi ceux que vous avez lus ?

Je me mis à lui énumérer quelques titres. Conceição m'écoutait, la tête appuyée contre le dossier de sa chaise, le regard coulé entre ses paupières mi-closes, sans me quitter des yeux. De temps à autre elle se passait la langue sur les lèvres, pour les humecter. Quand j'eus fini de parler, elle ne dit rien ; nous restâmes ainsi quelques secondes. Puis je la vis qui redressait la tête et, les coudes et les avant-bras sur les accoudoirs, croisait les doigts et y posait le menton, tout cela sans me lâcher de ses grands yeux éveillés.

— Sans doute l'ai-je ennuyée, pensais-je.

Puis tout haut :

— Dona Conceição, je crois que l'heure passe, et je...

— Non, non, il est encore très tôt. Je viens de le voir à l'horloge ; il est onze heures et demie. Il y a le temps. Vous êtes capable, vous, de veiller toute une nuit et de ne pas dormir le jour ?

— Cela m'est arrivé.

— Moi, non ; si je passe une nuit blanche, le lendemain je ne vaux rien, et, il faut que je dorme, ne serait-ce qu'une demi-heure. Mais aussi je deviens vieille.

— Vieille, vous ? qu'est-ce que cela, Dona Conceição ?

Je m'exclamai avec une telle chaleur que je la fis sourire. Elle se mouvait d'ordinaire avec des gestes lents, tranquilles ; sur le moment, pourtant elle se redressa rapidement et, passant de l'autre côté de la pièce, fit quelques pas entre la fenêtre qui donnait sur la rue et la porte ouvrant sur le bureau de son mari. Ainsi, dans le déshabillé modeste qu'elle portait, elle me faisait une impression étrange. Bien que maigre, elle avait je ne sais quelle oscillation dans la démarche, comme si porter son corps lui coûtait ; cette manière chez elle, ne m'apparut jamais plus nette que cette nuit-là. Par intervalles elle s'arrêtait, pour examiner un pan de rideau, remettre un objet en place sur le buffet ; finalement elle s'arrêta, en face de moi, la table entre nous. Le cercle de ses préoccupations n'était guère bien vaste ; elle revint sur son étonnement de me voir attendre sans avoir dormi. Je lui répétai ce qu'elle savait, et qui était que n'ayant encore jamais assisté à une messe de minuit, telle qu'on la célébrait à la Cour, je ne voulais pas manquer l'occasion.

— C'est la même messe qu'à la campagne ; toutes les messes se ressemblent.

— Sans doute ; mais il y a sûrement plus de luxe ici, et plus d'assistance également. Ecoutez, la semaine sainte à la Cour c'est bien autre chose qu'à la campagne. La Saint Jean, je ne dis pas, ou la Saint Antoine...

Petit à petit, elle s'était laissé aller en avant ; elle avait calé ses deux coudes sur le marbre de la table et posé son visage dans le creux de ses paumes. Ses manches, n'étant pas boutonnées, tombèrent naturellement et je puis voir ses bras, très clairs, et moins maigres que je n'aurais cru, jusqu'à la hauteur du coude.

Ce n'était pas pour moi, encore qu'inhabituelle, une vision nouvelle ; j'éprouvai cependant, sur le moment, une forte impression. Les veines étaient si bleues que je pouvais les compter d'où j'étais, en dépit du peu de lumière. La présence de Conceição me tenait éveillé bien plus encore que ma lecture. Je continuai à dire ce que je pensais des fêtes, à la campagne et en ville, ainsi que d'autres choses qui me venaient sur la langue. Je parlais, sans savoir pourquoi, passant d'un sujet à un autre ou revenant sur les premiers, en riant pour la faire sourire et voir ses dents qui brillaient, petites, de toute leur blancheur. Elle n'avait pas les yeux vraiment noirs, mais de couleur sombre ; son nez, long et sec, un tantinet recourbé, prêtait un air interrogateur à l'ensemble de ses traits. Dès que je haussais un peu la voix, elle me reprenait :

— Plus bas ! Maman pourrait se réveiller.

Et elle s'attardait dans la même position, qui me remplissait d'aise, tant nos deux visages étaient proches. Il n'était pas nécessaire, vraiment, de parler haut pour nous entendre ; nous chuchotions tous les deux, moi plus qu'elle, car je parlais davantage ; elle par instant, devenait sérieuse, extrêmement sérieuse, et son front se plissait. Finalement, la fatique la prit ; elle changea de position et de place. Elle fit le tour de la table, et vint s'asseoir à côté de moi, sur le canapé. Je me tournai vers elle, et je pus voir, à la dérobée, la pointe de ses mules ; mais cela ne dura que le temps d'un éclair, pendant qu'elle s'asseyait, son déshabillé était long et me les cacha aussitôt. Les mules, je me souviens, étaient noires. Conceição dit tout bas :

— Maman est loin, mais elle a le sommeil très léger ; si elle se réveille maintenant, la malheureuse, ce n'est pas de si tôt qu'elle réussira à se rendormir.

— C'est la même chose pour moi aussi.

— Comment ? fit-elle, en penchant le corps en avant pour mieux entendre.

J'allai m'asseoir sur la chaise placée à côté du canapé, et je répétai ma phrase. La coïncidence la fit rire ; elle avait elle aussi le sommeil léger. Nous étions trois au sommeil léger.

— Il m'arrive parfois d'être comme maman ; j'ai beaucoup de mal, si je me réveille, à me rendormir, je roule d'un côté à l'autre du lit, à demi-étourdie, je me lève, fait quelques pas, reviens me coucher, mais rien n'y fait.

— C'est ce qui vous est arrivé aujourd'hui.

Mais elle me coupa :

— Non, non.

Je ne compris pas la raison de son démenti ; et peut-être n'y comprit-elle rien elle-même. Prenant les deux extrémités de sa ceinture, elle se mit à battre ses genoux, son genou droit très exactement car elle venait de croiser les jambes. Puis elle évoqua une histoire de rêves, et me soutint qu'elle n'avait fait de sa vie qu'un seul cauchemar, lorsqu'elle était enfant. La conversation renoua ainsi, de fil en aiguille, lentement, longuement, sans que je me soucie de l'heure ni de la messe. Je terminais une histoire ou une explication, aussitôt elle inventait une autre curiosité ou un autre sujet, et de nouveau je prenais la parole. De temps en temps, elle me reprenait :

— Plus bas, plus bas...

Il y avait aussi des moments de pause. J'eus l'impression, à deux ou trois reprises, de la voir dormir ; mais ses yeux, un instant clos, se rouvraient très vite, sans la moindre trace de sommeil ou de fatigue, à croire qu'elle ne les avait fermés que pour mieux voir. Une de ces fois elle me surprit, je crois, abîmé dans sa contemplation, et elle les referma, je m'en souviens, avec paresse ou précipitation, je ne sais trop. Certaines, parmi les impressions de cette nuit, me reviennent tronquées ou confuses. Je m'embrouille, me contredis. Mais j'ai le souvenir, très net, qu'à un moment donné, elle, qui n'était que sympathique, devint belle, très belle. Elle était debout, les bras croisés, et moi, en geste de respect, je voulus me lever ; elle s'y opposa, m'obligeant d'une main sur mon épaule à rester assis. Je pensai qu'elle allait dire quelque chose ; mais elle frissonna, comme si elle avait froid, et, me tournant le dos, elle alla se rasseoir sur la chaise où elle m'avait trouvé en entrant, en train de lire. De là elle regarda de nouveau dans le miroir, placé au-dessus du canapé ; puis, me désignant deux gravures suspendues au mur :

— Ces peintures deviennent vieilles. J'ai déjà demandé à Chiquinho d'en acheter d'autres.

Chiquinho était son mari, et les peintures illustraient le centre d'intérêt majeur de cet homme — l'une des deux représentait « Cléopâtre » ; je ne me souviens plus quel était le sujet de la seconde, mais elle montrait des femmes —, aussi vulgaires l'une que l'autre ; à l'époque, je ne les trouvais pas laides.

— Elles sont jolies, dis-je.

— Jolies, oui ; mais elles sont tachées. Et ensuite, franchement, je préférerais autre chose, deux saintes par exemple. Celles-ci seraient davantage à leur place dans la maison d'un célibataire ou le salon d'un barbier.

— D'un barbier ? Vous n'êtes jamais entrée chez un barbier.

— Mais j'imagine que les clients, quand ils attendent, parlent femmes et affaires amoureuses, et le propriétaire les distrait, c'est naturel, avec de jolies silhouettes. Dans une maison, je trouve, ce n'est pas le lieu. C'est ce que je pense ; mais je pense beaucoup de choses comme celle-là, bizarres. Quoi qu'il en soit, je n'aime pas ces tableaux. J'ai une Notre-Dame, ma sainte patronne, l'Immaculée-Conception, elle est très jolie, mais c'est une statue, on ne peut pas la mettre au mur, et je ne le voudrais pas. Elle est dans mon oratoire.

L'évocation de l'oratoire me fit souvenir de la messe, je pensai qu'il devait être très tard et voulut le lui dire. J'ouvris la bouche, j'imagine, mais dut aussitôt la refermer pour écouter ce qu'elle racontait, avec douceur, avec grâce, de cette manière si langoureuse qui me laissait l'âme paresseuse et me faisait oublier l'église et la messe. Elle parlait de ses dévotions d'enfant et de jeune fille. Elle évoqua ensuite des anecdotes survenues à l'occasion d'un bal, des aventures de promenade, des réminiscences de Paquetà, tout cela pêle-mêle, sans s'interrompre. Et quand elle en eu terminé avec le passé, elle parla du présent, des occupations dans une maison, des tâches ménagères, dont on l'avait prévenue, avant son mariage, qu'elles étaient nombreuses, mais qui n'étaient rien. Je savais, mais cela elle ne le dit pas, qu'elle s'était mariée à vingt-sept ans.

Elle n'avait, depuis un moment, plus changé de place, comme elle l'avait fait au début, ni de position. Elle laissait son regard se promener, détaché, sur les murs.

— Il faut que nous changions la tapisserie dans cette pièce, dit-elle au bout d'un moment, comme se parlant à elle-même.

J'acquiesçai pour dire quelque chose, pour sortir de cette espèce de torpeur magnétique, de cet état étrange que je ne savais pas nommer, et qui m'entravait la langue et les sens. Je voulais et ne voulais pas mettre un terme à la conversation ; je m'appliquais à détourner les yeux de sa personne, et je m'y employais par un sentiment de respect ; mais à l'idée que cela, alors que ce ne l'était pas, puisse passer pour de l'ennui, aussitôt je reportais les yeux sur Conceição. La conversation se mourait. Dans la rue, le silence était total.

Nous finîmes par demeurer — combien de temps, je ne saurais le dire — complétement silencieux. Le seul bruit, espacé, était un grattement de souris, sortant du bureau, et qui me réveilla de l'espèce de somnolence où j'avais sombré ; je tentai d'en dire un mot, mais ne sus comment le faire. Conceição paraissait être en train de rêver. Subitement, j'entendis des coups dans la fenêtre, à l'extérieur, et une voix qui criait : « Messe de minuit ! Messe de minuit ! »

— Voilà votre compagnon, dit-elle en se levant. C'est

amusant ; c'est vous qui deviez le réveiller, et c'est lui qui vient vous rappeler à l'ordre. Allez, il doit être l'heure ; adieu.

— L'heure, déjà ? demandais-je.

— Naturellement.

— Messe de minuit ! répéta-t-on à l'extérieur, toujours frappant.

— Allez, allez, ne vous faîtes pas attendre. C'est moi la coupable. Adieu, à demain.

Et avec le même balancement de tout le corps ; Conceição, à pas silencieux, se glissa dans le couloir. Je sortis et trouvai mon voisin dans la rue, qui m'attendait. Nous prîmes le chemin de l'église. Durant la messe, la silhouette de Conceição s'interposa plus d'une fois entre moi et le prêtre ; la chose est à mettre au compte de mes dix-sept ans. Le lendemain matin, pendant le déjeuner, je parlais de la messe de minuit et des fidèles qui l'avaient suivie, sans le moins du monde exciter la curiosité de Conceição. Je la retrouvai tout au long de la journée, telle que d'ordinaire, naturelle, bénigne, sans rien qui rappelât la conversation de la veille. Pour le Nouvel An, je regagnai *Mangaratiba*. Quand je revins, en mars, le greffier n'était plus, emporté par une attaque d'apoplexie. Conceição habitait à *Engenho Novo*, mais je n'allai pas lui rendre visite, ni ne la rencontrai. J'appris plus tard qu'elle avait épousé l'associé de son mari.

L'anecdote du cabriolet

— Oui monsieur, le cabriolet est là, disait le noir venu chercher le vicaire de la paroisse San José, pour administrer les derniers sacrements à deux mourants.

Les jeunes générations n'ont rien vu de l'arrivée et de la sortie du *cabriolet* dans Rio de Janeiro. De même, elles n'auront pas connu le temps où le *cab* et le *tilbury* vinrent prendre rang sur la liste de nos voitures de maître ou de place. Le *cab* dura peu. Le *tilbury*, lui, promet de résister jusqu'à la destruction de la ville. Lorsque celle-ci ne sera plus que ruines et que commenceront les premières fouilles, on en retrouvera sûrement un, à l'arrêt, son cheval et le cocher à l'état de squelette, attendant leur client attitré, avec leur même patience de toujours, quelles que soient les trombes d'eau, et, si somptueux que soit le soleil, leur mélancolie profonde, parce qu'accrue du spectre du temps. L'archéologue dira des choses très précieuses sur les trois squelettes. Le *cabriolet* quant à lui, n'a pas d'histoires ; il n'a laissé que l'anecdote que je vais conter.

— Deux ! s'exclama le sacristain.

— Deux, oui monsieur, Nhâ Anunciada et Nhô Pedrinho. Nhô Pedrinho, pauvre de lui ! et Nhâ Anunciada, la malheureuse ! continua de se lamenter le noir en s'agitant de droite et de gauche, consterné, hors de lui.

Qui lira ceci, l'âme enténébrée de doute ne pourra tout naturellement que s'interroger si le noir éprouvait vraiment autant d'affliction qu'il en démontrait, ou s'il voulait seulement piquer la curiosité du vicaire et du sacristain. J'estime pour ma part que tout, en ce monde peut coexister. Ce qu'il manifestait, j'en suis certain, il l'éprouvait ; et je ne doute pas pour autant qu'il brûlait de communiquer quelque épouvantable histoire. En tout état de cause, ni le prêtre ni le sacristain ne lui en demandèrent davantage.

Non que le sacristain n'eut désiré en savoir plus. On n'eut pu trouver plus curieux que lui. Il connaissait la paroisse par cœur ; il savait sur le bout des doigts le nom des dévotes et leur vie, celle de leur mari, de leurs parents, leurs ressources et leurs biens, ce qu'elles mangeaient et buvaient, ce qu'elles disaient, la vêture et la vertu de chacune, et, pour les célibataires, le montant de leur dot, pour les femmes mariées, leur comportement conjugal, pour les veuves, la teneur de leurs regrets. Il fouinait tout et partout ; réservant le court temps qu'il avait de reste pour la messe et les autres offices. Homme dans la quarantaine, la barbe rare et grisonnante, maigre et de taille moyenne, il répondait au nom de João de la Merci. « Quels peuvent bien être ce Pedrinho et cette Anunciada » se demandait-il à part lui, en descendant l'église derrière le vicaire.

— Si forte qu'ait été son envie d'en savoir plus, la présence du coadjuteur l'empêchait de poser la moindre question. Le prêtre allait si recueilli et silencieux qu'il lui fallait bien démontrer le même silence et le même receuillement. Ils arrivèrent de la sorte, au cabriolet. Celui-ci attendait ; le cocher se découvrit, les voisins et quelques passants s'agenouillèrent, tandis que le vicaire et son acolyte prenaient place à l'intérieur et le véhicule s'ébranla par la rue *da Misericôrdia.* Le noir retourna son chemin à grandes enjambées.

Qu'aillent bêtes et gens de par les rues, et les nuages s'il en abrite, dans le ciel, comme les pensées, si elles en ont, dans les têtes. Celle du sacristain en abritait de multiples et confuses. Qui ne tournaient guère autour du Notre-Père, encore qu'il sache l'adorer, non plus qu'autour de l'eau bénite et du goupillon qu'il transportait ; elles ne concernaient pas davantage l'heure avancée — huit heures un quart du soir — le ciel, du reste, était clair, et la lune se montrait. Le cabriolet lui-même, tout nouveau cependant dans notre ville, et qui en la circonstance remplaçait un vieux coche, n'occupait aucunement le cerveau de João de la Merci, si ce n'est en ce qu'il pouvait avoir de commun avec nhô Pedrinho et nhâ Anunciada.

« Ces gens sont de nouveaux venus, allait cogitant le sacristain, mais certainement hébergés chez quelqu'un, car je ne vois pas une maison vide le long de la plage, et le numéro est celui de la maison du commandeur Brito. Des parents à lui, peut-être ? Mais sortis d'où ces parents, dont je n'aurais jamais entendu... ? Des amis alors ? des connaissances plutôt, de simples connaissances. Et ce serait elles qui ont mandé le cabriolet ? Le noir, lui aussi, est nouveau dans la maison, un esclave certainement, de l'un des mourants, ou des deux. »

C'est ainsi qu'allait João de la Merci, tout à ses déductions, et qui fut bientôt interrompu. Le cabriolet stoppa devant la porte d'une maison à deux étages, la maison précisément du commandeur Brito, José Martins de Brito. Quelques personnes, déjà, se trouvaient rassemblées avec des cierges, au rez-de-chaussée. Le prêtre et le sacristain mirent pied à terre et montèrent à l'étage, précédés du commandeur. Sur le palier, la maîtresse des lieux baisa l'anneau du vicaire. Des adultes, des enfants, des esclaves, une rumeur sourde, une demi-clarté : et attendant, tout au fond, les deux moribonds, chacun dans une chambre.

Tout se déroula comme il est d'usage et de règle, en de telles circonstances. Nhô Pedrinho reçut l'absolution et l'onction, Nhâ Anunciada de même, et le coadjuteur prit congé de la maisonnée pour s'en retourner à la paroisse avec le sacristain. Non cependant, sans que celui-ci, en lui disant au revoir, ne se soit informé à l'oreille du commandeur si les deux malades étaient de ses parents. Non, répondit Brito, non ce n'était pas des parents à lui, mais les amis d'un sien neveu qui vivait à Campinas ; une histoire épouvantable... Les yeux du sacristain enregistrèrent avec délice cette fin de phrase, et dirent clairement, sans qu'il soit prononcé un mot, qu'il reviendrait en entendre davantage — peut-être le soir même. Tout ceci très rapidement, car le prêtre descendait l'escalier et qu'il fallait bien suivre.

La mode du *cabriolet* fut si éphémère que celui-ci n'eut fort probablement pas assez de vie pour conduire un autre prêtre à d'autres moribonds. Ne lui resta attachée que cette anecdocte que je vais maintenant achever de conter, tant elle est mince, une anecdocte de rien du tout. Mais qu'importe ! Quelles qu'en soient l'importance et la taille, du moins fournit-elle une tranche de vie à notre sacristain, que nous retrouvons maintenant aidant le vicaire à replacer le pain sacré et à enlever son surplis, et s'empressant de s'acquitter du reste, avant de prendre congé et de se retirer. Enfin, il fut dehors, et prit aussitôt à pied, droit devant lui jusqu'à la plage, jusque précisément, à la porte du commandeur.

En chemin, il avait évoqué l'existence de ce commandeur, avant et après qu'il ait reçu sa charge, tout ce qu'il avait pu glaner concernant l'entreprise que l'homme avait montée — de fournitures, si je ne me trompe, pour armer les navires — sa famille et les fêtes qu'il donnait, ses responsabilités paroissiales, commerciales et électorales, et de là aux rumeurs et anecdoctes qui couraient sur son compte, il n'en eut plus que pour un pas ou deux. La mémoire colossale de João de la Merci emmagasinait toute chose, des plus minimes aux plus considérables, sans laisser échapper un détail, et avec une telle précision que la personne concernée elle-même eut été bien incapable de les relater de façon aussi complète. Et tout cela, il le savait comme le Notre-Père, c'est-à-dire par cœur, sans avoir besoin de penser aux mots ; il priait de même qu'il mangeait, broyant l'oraison entre ses mâchoires, et l'expectorant sans rien sentir. On lui eut demandé de réciter trois douzaines de Notre-Père à la suite, qu'il se fut exécuté sans même avoir à les compter. Et c'était pareil pour les vies des gens ; il aimait à les connaître, à tout explorer ; il les retenait par cœur, et elles ne lui sortaient plus de la mémoire.

Dans la paroisse on l'aimait bien, parce qu'il ne créait jamais de complications, ne disait de mal de personne. Il aimait l'art pour l'art. Le plus souvent, il n'avait rien à demander. José lui racontait la vie d'Antonio, et Antonio celle de José. Sa contribution se bornait à ratifier ou rectifier les dires de l'un en les comparant à ceux de l'autre et vice-versa, ou les dires des deux grâce à ceux de Sancho, ceux de Sancho grâce à ceux de Marinho, et ainsi de suite. En pleine messe, parfois, une anecdote glanée la veille lui revenait en tête, et au début, il s'en excusa auprès du Seigneur ; il cessa de le faire lorsqu'il s'aperçut qu'il ne manquait pour autant ni une parole, ni un geste du Saint-Sacrifice, à tel point celui-ci lui était devenu consubstantiel. L'anecdote qu'alors il se remémorait fugitivement était comme l'hirondelle qui traverse un paysage. Le paysage continue de demeurer le même, et l'eau, si eau il y a, de murmurer le même son. La comparaison, qui était de son cru, valait plus qu'il ne croyait, car l'hirondelle, poursuivant son vol, fait partie du paysage, et l'anecdote faisait en lui partie même de sa personne : elle était un des actes de sa propre vie.

Lorsqu'il arriva à la maison du commandeur, il avait égrené

le rosaire entier de la vie de ce dernier, et il pénétra dans la maison avec le pied droit pour ne pas sortir du mauvais pied. Il entendait bien, aussi funestes que soient les circonstances, n'en pas sortir de si tôt, et le sort en cela lui prêta la main. Martin Brito était dans la salle de devant, en conversation avec son épouse, lorsqu'on vint l'avertir que João de la Merci s'informait de l'état des mourants. La femme de Brito se retira, et le sacristain entra, en s'excusant et protestant qu'il n'en avait que pour une minute ; il passait par là et s'était dit qu'il convenait de savoir si les deux moribonds avaient gagné le ciel, — ou s'ils étaient encore de ce monde. Quoi que ce soit qui ait trait à la personne du commandeur rencontrerait chez lui le plus grand intérêt.

— Ils ne sont pas morts, et je ne sais s'ils vont s'en sortir ; elle, en tout cas, je crois bien qu'elle va mourir, conclut Brito.

— Ils semblent bien bas.

— Elle surtout ; et c'est elle également qui accuse le plus de fièvre. Le mal les a pris dans notre maison, à peine arrivés de Campinas, il y a quelques jours.

— Ils étaient déjà là ? demanda le sacristain, éberlué de n'en avoir rien su.

— Oui ; ils sont arrivés il y a quinze jours — ou quatorze, en compagnie de mon neveu Carlos, c'est ici qu'ils ont attrapé la maladie...

Brito s'interrompit dans ce qu'il était en train de dire ; telle fut l'impression de João de la Merci, dont tout le visage revêtit l'expression de qui attend la suite. Mais comme l'autre se mordait les lèvres et regardait les murs, l'attente du sacristain lui échappa, et tous deux demeurèrent un moment silencieux. Brito se mit à arpenter la pièce de long en large, tandis que João de la Merci se faisait la réflexion que la fièvre, à coup sûr, n'était pas tout ; la première chose qui lui vint à l'esprit fut que les médecins s'étaient trompés dans leur diagnostic ou la prescription des remèdes ; ou peut-être s'agissait-il de ce mal inavouable, auquel on donnait le nom de fièvre pour dissimuler la vérité. Il suivait des yeux le commandeur tandis que celui-ci allait et venait dans la pièce, en étouffant le bruit de ses pas pour ne pas déranger davantage les gens de la maison. Des bribes de conversation, un appel, un message, le bruit d'une porte qu'on ouvre ou qu'on referme arrivaient de l'intérieur. Tout cela sans importance aucune pour quelqu'un ayant autre chose en tête ; mais notre sacristain était plus que jamais déterminé à savoir ce qu'il ne savait pas. A tout le moins, quels étaient la famille, le rang, la situation actuelle des malades, une page ou une autre de leur vie, le tout étant de glaner une information, quelle qu'elle soit et aussi peu qu'elle ait à voir avec la paroisse.

— Ah ! fit le commandeur en s'arrêtant net.

Il semblait anxieux de rapporter certaine affaire, l'« histoire épouvantable » peut-être, évoquée tantôt devant le sacristain ; mais pas plus que celui-ci n'osait demander, le commandeur, semble-t-il, n'osait raconter, et il se remit à faire les cent pas.

João de la Merci s'assit. L'usage, en pareille circonstance, il ne l'ignorait pas, imposait qu'il se retirât sur de bonnes paroles d'espoir et de réconfort, et revienne aux nouvelles le lendemain ; il préféra s'asseoir et voir venir. Il ne lut, il est vrai, sur le visage du commandeur, aucun signe de réprobation ; Brito au contraire s'arrêta et lui fit face en poussant un profond soupir de fatigue.

— C'est bien triste, oui, bien triste, opina João de la Merci. De bonnes personnes, n'est-ce pas ?

— Ils allaient se marier ?

— Se marier ? deux fiancés ?

Le commandeur confirma d'un signe de tête. Le détail était, certes, mélancolique, mais il n'y avait là rien de l'histoire épouvantable annoncée, et le sacristain attendit. Il se fit la remarque que c'était la première fois qu'il apprenait quelque chose concernant des personnes totalement inconnues de lui. Les deux visages aperçus un moment auparavant étaient tout le signalement qu'il en avait. Mais ce n'était pas pour le rendre moins curieux. Ils allaient se marier... Peut-être était-ce là l'histoire épouvantable... Etre ainsi terrassés par un mal à la veille d'un bien, le mal, en vérité, devait être d'autant plus épouvantable. Fiancés et à l'agonie...

On vint remettre un message au maître de maison ; celui-ci s'excusa auprès du sacristain, si précipitamment qu'il ne lui laissa le temps ni de prendre congé, ni de s'éclipser. Brito se précipita à l'étage et demeura absent cinquante bonnes minutes. Au bout desquelles, un sanglot étouffé parvint dans la pièce ; peu après le commandeur réapparut.

— Ne vous l'ai-je pas dit, il y a un instant ?

Qu'elle, en tout cas, ne résisterait pas ; elle est morte.

Brito annonça la chose sans un pleur, et presque sans tristesse. Il ne connaissait la défunte que depuis peu. Qui, selon lui, allait pleurer, c'était le neveu de Campinas, et aussi une parente de la jeune femme, qui vivait à *Mata-Porcos*. Imaginer sur ce, que le neveu du commandeur était amoureux de la fiancée de l'ami moribond, ne prit qu'un temps dans la tête du sacristain ; mais il ne s'arrêta pas longtemps à cette supposition : quelle preuve ? et si, de plus, le neveu avait accompagné le couple ?... probablement en tant que futur témoin à leur mariage... Il voulut connaître le nom de la défunte — et quoi, vraiment, de plus naturel —, mais le maître de maison éluda, soit qu'il n'en veuille rien dire, soit qu'il ait autre chose en tête, ni le nom de la fiancée, ni celui du fiancé ne furent prononcés... Et peut-être pour les deux raisons à la fois.

— Ils allaient se marier...

— Dieu l'accueillera en sa sainte garde, et il fera de même avec lui, s'il vient à passer, dit le sacristain pénétré de mélancolie.

Et cette phrase suffit pour libérer la moitié du secret qui, à ce qu'il semble, brûlait d'échapper hors de la bouche de l'armateur. João de la Merci a certaine expression dans le regard de Brito et à la façon dont celui-ci l'entraîna dans une embrasure de fenêtre, en le priant de jurer..., s'empressa de jurer sur la tête de tous ses proches qu'il tairait tout. Il n'était pas homme à ébruiter les confidences reçues d'autrui, à plus forte raison celles émanant de personnes haut placées et respectées comme l'était le commandeur. Sur quoi, rassuré et encouragé, celui-ci lui confia la première moitié du secret, lequel était que les deux fiancés, élevés ensemble, étaient arrivés chez lui pour se marier quand, de la bouche, précisément, de cette parente de *Mata-Porcos*, ils avaient appris une nouvelle abominable...

— Et c'était ?... se précipita João de la Merci pour couper court à l'hésitation qu'il sentit chez le commandeur.

— Qu'ils étaient frère et sœur.

— Frère et sœur comment ? Réellement frère et sœur ?

— Réellement ; par leur mère. C'est le père qui n'était pas le même. Cette parente n'est pas entrée dans les détails, mais elle leur a juré que la chose était vraie. Ils en sont restés foudroyés pendant tout un jour ou davantage...

La nouvelle laissa le sacristain tout aussi atterré que les deux infortunés ; il se disposa à ne quitter les lieux qu'ayant appris la fin. Il entendit sonner dix heures, mais il était prêt à entendre toutes les heures de la nuit, à veiller un des cadavres ou les deux jusqu'au matin, pourvu qu'il puisse joindre cette page, et quand bien même elle n'aurait rien à voir avec elle, aux annales de la paroisse.

— Dites, dites vite, c'est alors que la fièvre les a pris ?...

Brito serra les dents pour ne rien dire d'autre. Comme, cependant, on venait de nouveau le chercher, il s'exécuta, et une demi-heure plus tard il était de retour, avec la nouvelle du second trépas. Son sanglot, plus franc cette fois, vu que la personne à qui le dissimuler n'était plus, avait averti le sacristain.

— Voici que l'autre aussi, le frère, le fiancé, s'en est allé... Que Dieu leur pardonne ! Et maintenant, mon ami, sachez tout. Sachez qu'ils s'aimaient tellement que peu de jours après avoir appris l'empêchement naturel et canonique qui s'opposait à leur union, ils ont décidé de ne s'en remettre qu'à eux-mêmes, et forts de n'être que demi-frère et sœur, et non point complètement frère et sœur, ils ont emprunté un *cabriolet* et se sont enfuis. L'alarme ayant été donnée sur-le-champ, nous avons pu les attraper sur la route de *Cidade Nova*, et leur capture les a, à tel point mortifiés et blessés, que la fièvre les a pris, et qu'ils ont fini par en mourir.

Ce qu'en entendant cette histoire éprouva le sacristain ne peut s'écrire. Il eut bien du mal, dans les premiers temps, à n'en rien dire. L'avis de décès dans les journaux lui apprit le nom des malheureux, et il put ainsi joindre d'autres renseignements à ceux qu'il tenait du commandeur. Finalement, sans pour autant se tenir pour indiscret, puisque prenant bien soin de ne la confier qu'à un ami et, surtout, de ne pas dire les noms, il ébruita l'affaire. L'ami la confia à un autre de ses amis, lequel la confia à un troisième, et ainsi de suite... Tout le monde, bientôt, fut au courant. Le sacristain fit mieux encore. S'étant mis en tête que le *cabriolet* de la fuite pouvait être celui des derniers sacrements, il se rendit aux écuries, bavarda familièrement avec un de ses employés et découvrit que, de fait, c'était bien le même. D'où vient que ces lignes portent le nom de « l'anecdocte du *cabriolet* ».

Table des matières

SUITES

1. *Histoires étranges et fantastiques d'Amérique latine*

2. José Luis SAMPEDRO
Le Sourire étrusque

3. Antonio LOBO ANTUNES
Le Cul de Judas

4. J. M. MACHADO DE ASSIS
Le Philosophe ou le chien

5. Horacio QUIROGA
Les Exilés

6. Paco Ignacio TAIBO II
De passage

7. Euclides DA CUNHA
Hautes Terres

8. Luis SEPULVEDA
Journal d'un tueur sentimental

9. Fernando GABEIRA
Les Guérilleros sont fatigués

10. J. M. MACHADO DE ASSIS
La Montre en or

11. Dalton TREVISAN
Le Vampire de Curitiba

12. *Des nouvelles du Brésil*

Impression réalisée sur CAMERON par

BUSSIÈRE CAMEDAN IMPRIMERIES

GROUPE CPI

à Saint-Amand-Montrond (Cher)
en octobre 2003

N° d'édition : 241003. — N° d'impression : 034646/1.
Dépôt légal : janvier 1999.

Imprimé en France